AF619672

CONSIDERATIONS SVR LE TRAITÉ DE Mr DES-CARTES, *DES PASSIONS DE L'AME.*

Par N. PAPIN Docteur en Medecine.

A PARIS,
Chez SIMEON PIGET, Ruë Sainct Iacques, à la Syrene.

M. DC. LII.

A MESSIEVRS MESSIEVRS SVHARD ET LAVDIER, SIEVR DV SOVCHE', Medecins de la ville d'Alençon, mes tres-honorez Collegues.

ESSIEVRS,

LES ombrages de diuision par lesquels la Discorde, ennemie iurée des amitiez parfaites, tascha de s'opposer d'abord à celle qu'elle iugeoit deuoir naistre entre nous, furent bien-tost si parfaictement dissipez, qu'il n'en est depuis resté aucune trace, non pas mesme que l'œil malin de l'Enuie ait peu apperceuoir. Et pour moy ie puis aßeurer que depuis cét heureux moment i'ay receu tant de teſmoignages de voſtre bien-veillance, & en ay reßenty ſi puißamment les effects, que ie ne puis que ie n'en demeure confus, lors que ie conſidere n'auoir peu vous y obliger par aucun ſeruice. Et c'eſt ce qui fait, dans la crainte que i'ay de paßer pour ingrat, que i'oſe prendre la liberté de vous offrir ce petit ouurage de ma plume, qui n'eſtant pas hors de l'eſtendue de voſtre profeßion, ne doit pas ſortir le païs ſans auoir voſtre approbation: Et lequel ie conſacre auec vos noms à l'immortalité, pour eſtre vn monument eternel de noſtre affection parfaicte, des teſmoignages de voſtre bonté pour moy, & des ſeruices que ie vous ay voüez en qualité de

MESSIEVRS,

Voſtre tres-humble & tres-obeïſſant ſeruiteur

A Alençon ce 20, Avril 1652.

N. PAPIN.

AVANT-PROPOS.

IL y a déja quelque temps que j'auois oüy faire vne estime singuliere de l'écrit de Monsieur Des-Cartes, touchant les Passions de l'Ame; mais n'ayant trouué occasion de le voir, que depuis peu de jours : je le parcourus auec beaucoup d'auidité, ayant déja esté informé par le bruit cõmun, & par la lecture de la pluspart de ses autres Oeuvres, du merite de ce grand homme: Et aussi j'esperois y voir découuerts jusqu'au fonds les premiers fondemens des mouuemens violents de nos Ames, & les plus veritables causes de toutes les Passions: Qui est vne matiere que pluſieurs perſonnes ont entrepriſes ; & dont neantmoins on peut dire que perſonne n'a encore oſté l'obſcurité ; & que tous ceux qui ſe vantent le plus d'en découurir les cauſes, ne nous ont laiſſé par écrit que des explications de la choſe meſme, & telle que chacun la reſſenty en ſoy. Cependant, pour dire le vray, je n'ay pas trouué que Monſieur Des-Cartes m'ait plus ſatisfait que les autres ; & quoy qu'il mette en auant pluſieurs choſes nouuelles, & qui ſont de ſon inuention, il eſt certain neantmoins qu'en choquant les ſentimens des Anciens, il n'en a pas auancé d'autres qui meritent beaucoup plus de foy. Ce qui m'a obligé, apres la lecture de ſon livre, à examiner ce qu'il y a de nouueau & de plus extraordinaire dans ſes penſées, à fin de confirmer d'autant plus celles qui ont de la vray-ſemblance, & pareillement d'empescher qu'on ne soit surpris en la position de celles dont la verité ne dependant que de la cognoissance de la constitution du corps humain, sont hors de la portée de plusieurs pour en donner leurs auis, qui n'ont pas esté obligez, comme ceux qui embrassent la Medecine à étudier profondément ces matieres. Et à fin aussi qu'ayant fait voir en peu de parolles, que ce qu'il en a dit n'est pas capable de satisfaire ceux qui ne donnent que peu à la foy d'autruy, & qui ne s'arrestent, ny à la superficie, ny à l'écorce des choses ; ce me soit vn champ ouuert pour découurir mes pensées sur le mesme sujet, lesquelles, si elles n'ont l'auantage de mieux plaire aux sçauans que celles qui ont esté auancées depuis tant de siecles, feront voir au moins que cette matiere n'est pas épuisée, & qu'il reste tousiours de la place à chacun d'y faire vne ample moisson selon la portée de son esprit. Enquoy si je suis plus succint que la maticre ne semble le requerir: Ie ne manqueray point d'excuse enuers ceux qui sçauent assez que c'est vne des foiblesses de mon esprit, ou pour parler plus conuenablement à nôtre sujet, vne des Passions de mon Ame, que de ne pouuoir apporter grande assiduité à quelque dessein que ce soit, & de me lasser aussi-tôt moy-mesme des ouurages que j'ay commencez auec plus de chaleur: Ce qui m'oblige quasi par tout, ou de precipiter la fin de la besongne, ou de la laisser imparfaite au fonds de mon Cabinet.

CONSIDE-

CONSIDERATIONS SVR LE TRAITÉ DE Mr DES-CARTES, DES PASSIONS DE L'AME

CHAPITRE PREMIER.

Où il est touché quelque chose de l'Operation des sens exterieurs, de l'opinion de Monsieur Des-Cartes touchant le mouuement des Muscles. Ensemble vne deduction des poincts principaux, qui doiuent estre examinez d'abord.

IE n'examineray point icy de quelle façon les objects & leurs especes émeuuent les sens exterieurs, & si ce commerce est entierement corporel, puis-que je voy que les plus grands hommes soustiennent l'affirmatiue. Et je ne rechercheray point les raisons qui peuuent confirmer ou combatre les sentimens de Monsieur Des-Cartes touchant la façon que les muscles se meuuent, s'il y a des esprits destinez au mouuement volontaire, qui resident en chaque partie, & s'il y a quelque communication des muscles extenseurs vers ceux qui flechissent le membre, afin que les esprits passans successiuement des vns dans les autres tantost accourcissent le muscle, & tost apres luy permettent de s'alonger : seulement puis-je dire, que cette pensée de l'inuention de Monsieur Des-Cartes, dont la gentillesse paroist dés l'abord, & qui satisfait la plus-part des doctes, a besoin de la demonstration Anatomique auant que de receuoir approbation de l'Eschole. Ce que ie ne croy pas qu'il soit facile à obtenir. Outre qu'il a oublié à parler du mouuement circulaire des membres, comme des bras ou des iambes, qui se fait par l'action successiue, non seulement des muscles qui flechissent & qui estendent, mais aussi de ceux qui leuent la partie & qui la font baisser, qui la tirent en auant, ou qui la trainent en arriere, ce qui le deuoit obliger de poser cette communication aussi bien entre tous les autres muscles, qu'entre les flechisseurs & les extenseurs, & inuenter pour cét effet de nouueaux conduits & de nouuelles valuules.

Il est seulement à propos de voir dés l'abord le fondement des opinions qu'il met en auant touchant l'estenduë des facultez de l'ame, & si elle est bornée à la seule pensée & à la volonté, si le mouuement & la chaleur ne sont aucunement de son domaine, & si Monsieur Des Cartes luy a assigné sa veritable place.

CHAPITRE II.

Où est examinée la doctrine des facultez de l'ame. Le sentiment de Monsieur Des-Cartes touchant leur nombre est combatu, & celuy qui est vulgairement receu, partie combatu, partie soustenu : Et sur tout, que le sentiment des animaux ne peut proceder que de la presence de l'ame.

POVR les facultez de l'Ame, ie sçay bien que les Anciens se sont égayez à en augmenter le nombre, & qu'à peine ont-ils remarqué en nos corps la moindre operation, dont ils n'ayent attribué la cause à quelque faculté particuliere de l'Ame, quoi que plusieurs dependent absolument de la constitution du corps & de la nature des substances: Et auiourd'huy la descouuerte de la circulation du sang, qui se faict des arteres dans les veines iusques aux extremitez du corps, & des extremitez vers les parties internes, c'est à dire, des veines dans le cœur, nous fait assez voir que plusieurs choses qu'on attribuoit à la faculté appetitiue & attractrice ne sont que des effets du poux, & dependent d'vne operation entierement contraire à ce qu'on s'estoit imaginé, de mesme que la puissance d'assimiler & changer l'aliment en nostre substance se peut aysément abolir par la connoissance de la nature du sang, qui contenant en soy des parties & des substances de toutes sortes, & qui respondent parfaitemẽt à toutes celles dont nos membres sont composez, il suffit que la circulation les espande de toutes parts, afin qu'arrousant comme des ruisseaux iusques aux moindres parties, le sang s'attache, se joigne & s'allie à chacune d'elles, selon que la conformité de substance & la nature gluante l'y oblige: De mesme que les ſubſtances graſſes s'alient auec celles de pareille ſorte, les ſels auec les ſels, & les liqueurs aqueuſes, auec pareilles liqueurs.

Cependant, de vouloir faire de nos corps des machines automates, & qui ſe meuuent d'elles-meſmes par reſſorts ſans l'operation de l'ame, & par la ſeule force de la conſtitution & de la ſtructure, c'eſt ce qui eſt difficile à conceuoir, puis-que quãd nous accorderions toutes les autres conditions, celle ſeule d'auoir le ſentiment nous fait auoüer la neceſſité de l'ame, & de quelque façon qu'on s'imagine que les choſes inſenſibles que nous prenons pour nourriture viennent à eſtre diſpoſées quãd elles ſe conuertiſſent en noſtre ſubſtance, ie ne croy pas que cela puiſſe ſuffire à faire conceuoir de quelle ſorte elles acquierent le ſentiment, ſans admettre la communication de l'ame, pour ne point éuenter d'autres ſuites faſcheuſes de cette opinion. outre qu'ainſi il ſe pourroit faire que l'art imitant la nature & l'arrangement des ſubſtances. paruiendroit enfin à donner du ſentiment aux choſes inſenſibles. Et de fait comme le ſentiment exterieur eſt le fondement & le principe de toutes les operations de l'Ame, & meſme des penſées &

de la volonté, celle-là ne s'occupant que sur les images qui luy ont esté representées par les sens exterieurs, & celle-cy n'ayant autre but que de suiure ou de fuyr comme pernicieux ou delectable ce dont elle a acquis la connoissance par la mesme voye. Comment se pourroit-il faire qu'elle eust connoissance des choses qu'elle ne sent point, & qui pourroient luy dõner de l'amour ou de l'auersion, autre que le sentimẽt delectable ou fascheux qui luy vient de la part des objects? De sorte que cõme c'est à l'ame seule qu'il veut qu'on attribuë la source des pensées & de la volonté, aussi est-ce à elle qu'il faut rapporter la source du sentiment, sans lequel il seroit impossible qu'elle iugeast des objects, ny qu'elle obligeast nostre corps à les éuiter ou les suiure. Et comme le sentiment consiste non seulement en la perception des objects qui appartiennent aux cinq sens exterieurs, mais aussi au desir du boire & du manger qui se faict ressentir en nostre estomach, qui est le principal ressort de ce qu'on nomme faculté concupiscible, & à l'espoinçonnement qui precede la generation, qui semble auoir son principal siege aux parties destinées à la production. Ie ne doute point, ſi on conſidere la choſe de prés, qu'on ne recognoiſſe la neceſſité de faire agir l'Ame en toutes ces rencontres, comme celle qui conduit toute la beſongne. Et au reſte puis que l'amour, la crainte, la cholere, & les autres paſſions que l'on comprend ordinairement ſous la faculté iraſcible, ne ſont que des ſuites du ſentiment agreable ou faſcheux, comme nous le dirons tantoſt, & de l'inclination qu'a noſtre volonté à ſuiure l'vn ou à fuyr l'autre, qui peut douter qu'on ne doiue rendre à noſtre Ame la pluſpart des facultez que les Anciens luy ont attribuées, & que Monſieur Des-Cartes s'esforce de luy oſter? Puis-que ſans elle les objects des ſens ne nous toucheroient point & ne fourniroient de ſujet ny aux penſées ny à la volonté, puis-que ſans elle nous n'aurions appetit ny au boire ny au manger, & ne ſerions touchez d'aucun éguillon de Cypris : Et enfin puis-que ſi elle ne nous fonrniſſoit la connoiſſance des choſes bonnes ou mauuaiſes en nous rendans capables de les reſsẽtir, nous ſeriõs auſſi incapables de les deſirer, ou de les craindre, de les chaſſer ou de les ſuiure, & de nous faſcher de leur abord. Et en vn mot, puis que nous ſerions ſans elle priuez de mouuement, de ſentiment, de reſpiration, & de vie.

CHAPITRE III.

Si le mouuement & la chaleur des animaux ne dependent en aucune ſorte de l'Ame, comme pretend Monſieur Des-Cartes.

QVANT à ce qu'il aſſeure que le mouuement & la chaleur ne dependent en aucune façon de l'Ame, il eſt tombé dans vne extremité dont le Pere des Medecins n'a peu éuiter l'autre; ayant attribué à la chaleur qui eſt en nous, non ſeulement les mouuemens volontaires, mais auſſi toutes les puiſſances qu'on attribuë à l'Ame, iuſques à la ſageſſe & à la prudence. Et pour dire le vray, il eſt certain que la Philoſophie Chreſtiẽne nous obligeant de tenir l'ame pour immaterielle & détachée de toute qualité corporelle, luy oſte toute dependance de la chaleur, ſoit pour la produire, ou pour en eſtre produite. Mais neantmoins comme la chaleur de nos corps, outre la diſpoſitiõ de la matiere qui luy fournit de siege, dépend manifestement du mouuement naturel qui se remarque au cœur & aux arteres, & au tournoyement du sang, & que ce mouuement a en quelque façon sa dépendance de l'ame, on peut dire aussi en quelque sorte, que l'ame des animaux sans en excepter l'homme, est la source de la chaleur, puis qu'elle fait naistre le mouuement, sans lequel il est impossible que cette chaleur subsiste.

Ie sçay bien que ce mouuement se peut assez conceuoir sans l'operation de l'ame, comme ie le feray voir tantost, puis-que la nature de la matiere est suffisante pour en produire encore de plus violens, cõme l'experience le fait remarquer. Mais puisque nous auons monstré que la puissance de desirer ce qui est necessaire pour l'entretien de la chaleur & de tout le corps dépend absolument de l'ame, sans laquelle il s'esteindroit dés sa naissance, ie croy que c'est à bon droict qu'on ne l'a doit point exclurre du nombre des causes qui produisent la chaleur en nous. Et pour le mouuement de nos corps soit volontaire ou naturel, quoy qu'il s'acheue immediatement par les organes corporels, il est difficile neantmoins d'en conceuoir l'ordre & la durée, sans vne conduite particuliere de l'ame. Car pour commencer par ceux qui ne dépendent point de nostre volonté, le battement du cœur & des arteres, qui ne void dans les passions qu'il change tout en vn moment & d'ordre & de vitesse, sans qu'il y ait toutesfois aucun changement en la matiere à qui on en doiue attribuer la cause, qui fait voir que nostre ame en est le premier ressort. Et le pouuoir que nous auons sur le baaillement & sur le ris, qui neantmoins ne dependent pas absolument de nostre volonté, font assez voir que la matiere dans les animaux, & sur tout en l'homme, est non seulement assujettie à l'ame, mais en tire aussi en plusieurs rencontres les reigles & la façon de se mouuoir.

Quant aux mouuemens volontaires, il semble que cette seule qualité de dependre de nostre volonté, qui au dire mesme de celuy dont nous parlons, est vne des principales facultez de nostre ame, témoigne assez la dépendance de l'ame. Car quelque structure qu'on puisse imaginer pour faire conceuoir de quelle façon les muscles se meuuent, il faut auouër qu'elle sera inutile si on en oste la presence de l'ame, qui non seulement determine certains muscles à se mouuoir de telle ou telle sorte, mais aussi leur en communique la puissance, qui ne peut estre simplement attribué à la matiere, comme de leuer vn bras ou vne iambe en haut mal-gré sa pesanteur naturelle, & de la pousser en auant ou en arriere, quoy qu'aucune des substances, qui composent cette partie, n'ait iamais eu cette inclination. Et pour confirmer encore la chose dauantage, considerons non seulement les mouuemens des parties dans la flexion & l'extensiõ des muscles, mais de plus dans les secousses, cõme lors que l'homme s'éleue de terre & saute auec violence ou droit en haut, ou en auant: Car faites aller telle quantité d'esprits qu'il vous plaira dans les nerfs & dans les muscles, & disposez ainsi que bon vous semblera les valuules & escluses des nerfs, il sera du tout impossible d'en faire naistre la cause de l'eslancement, dans lequel chaque partie du corps ne se remuë pas cõme les appendices sur leurs bases, & comme les ressorts d'vne machine en elle-mesme, mais où tout le bastiment s'élançant cõme hors de soy-mesme, quitte sa premiere place tout à la fois pour en reprendre vne autre, & sans s'appuyer sur quelque corps solide, par l'entremise duquel il se puisse pousser çà & là, comme cela est necessaire en toute sorte de mouuement artificiel. Ce qui monstre euidemment que l'ame ayant la volõté de produire quelque mouuement, non seulement enuoye des esprits à la partie dont elle se veut seruir, mais la remuë au delà des forces de la matiere, qui apporte souuent plutost de la resistance à raison de sa pesanteur, que de la condescendance aux commandemens & aux impulsions de l'ame.

Chapitre IV.

Où est examiné le lieu que Monsieur Des-Cartes assigne à l'Ame comme son principal siege, sçauoir vne petite glande qui est dans le cerueau : Et où les raisons qu'il en donne sont amplement refutées. De quelle sorte nostre Ame agit en la conduite du corps.

Mais pour n'insister pas d'auantage sur cette matiere, il est temps de voir si Monsieur Des-Cartes doit estre ſuiuy dans le ſentiment qu'il met en auant touchant le ſiege de l'Ame, à laquelle les Anciens ayans donné diuerſes facultez principales ; apres auoir aſſigné tout le corps pour la demeure de l'Ame, ont voulu que chaque faculté preſidât en certaines parties capables de mettre à execution l'operation de la faculté: Ce qui a fait que Monſieur Des-Cartes ayant oſté à l'Ame toutes les facultez inferieures, reduiſant à la penſée & à la volonté tout ce qui eſt de ſon domaine, luy dénie auſſi le gouuernement des principales places, le cœur, le foye, l'eſtomach & ſemblables, qu'il ne conſidere que comme des reſſorts particuliers, qui peuuent en quelque ſorte ſe paſſer du miniſtere de l'Ame : Et auoüant auecque les modernes & la plus-part des anciens, qu'elle exerce ſes principales fonctions dans le cerueau, mais en telle ſorte neantmoins qu'elle n'occupe point entierement, ny tout le cerueau, ny les ventricules, il la place particulierement dans vne certaine glande qu'il décrit en l'article 31. de la premiere partie; & laquelle, comme ie puis comprendre, n'eſt autre que celle que les Anatomiſtes appellent en Latin, *Glandula pinealis*, à cauſe qu'elle approche de la figure d'vne pōme de pin, laquelle est située à l'entrée du conduit du troisiéme ventricule, entre les deux auancemens qu'on nomme vulgueremēt *Testes*, laquelle est de couleur rougeâtre, de substance friable & enuironnée d'vne membrane fort deliée; & à qui on donne ordinairement l'vsage, ou d'affermir l'entortillemēt de petits vaisseaux appellé *plexus Choroides*, ou de seruir de valuule pour moderer le cours des esprits des ventricules de deuant en ceux de derriere, à laquelle glande il attribuë tant de facultez, que c'est elle desormais, si nous l'en croyons, à qui tout le reste de nostre corps doit rendre hommage: Car il veut que ce soit elle seule où se terminēt les especes des objets des sens, & qui les communique à l'Ame, que par son moyē l'Ame pousse les esprits animaux où bon luy semble, pour mouuoir le cœur dans les passions & les muscles, dans les mouuemens volontaires; & enfin que la tournant çà & là à son gré, elle reçoiue les impressions des esprits qui sont enuoyez de toutes parts, & par ce moyen luy facent naître de nouuelles pensées, ou luy renouuellent celles qui estoient à demy effacées.

Mais qui cõsiderera exactement la structure de cette glande telle que l'Anatomie nous la fait voir, ne jugera point qu'elle puisse seruir aux operations ausquelles il la destine, puis-que ce n'est qu'vn petit auancement de la substance du cerueau attaché auec tout le reste, & incapable de receuoir les mouuemens qu'il luy attribuë, qui conuiendroient plustost à quelque boule suspenduë en vn lieu vuide, qu'à vne partie du cerueau, qui ne reçoit point selõ l'apparance d'autre mouuement que celuy de toute la teste, à laquelle elle est fermement attachée, de sorte que quelque chose qu'on remarque en sa substance & en ses qualitez; on n'y trouuera rien qui puisse auoir induit à luy departir vn si noble vsage. Et de plus quand ie considere les causes qui ont porté Monsieur Des-Cartes à luy donner cét vsage : ie me sens d'autant plus touché d'étonnement : car il en dit pour raison en l'article 32. *Qu'il n'y a point d'autre partie en tout le corps que cette glande où l'Ame exerce immediatement ses fonctions, d'autant que les autres parties de nostre cerueau sont toutes doubles, comme aussi nous auons deux yeux, deux mains, deux oreilles, & ainsi de tous les autres organes exterieurs des sens :* *Car*, dit-il, *d'autant que nous n'auons qu'vne seule & simple pensée d'vne mesme chose en mesme temps, il faut necessairement qu'il y ait quelque lieu où les deux Images qui viennent par les deux yeux, où les deux autres impressions qui viennēt d'vn seul objet par les doubles organes des autres sens, se puissent assembler en vne auant qu'elles paruiennent à l'Ame, à fin qu'elles ne luy representent pas deux objets au lieu d'vn. Et on peut aysément conceuoir que ces images, ou autres impressions se reünissent en cette glande, par l'entremise des esprits qui remplissent les cauitez du cerueau ; mais il n'y a aucun autre endroit dans le corps, où elles puissent ainsi estre vnies, sinon en suite de ce qu'elles le sont ainsi en cette glande.* Car qui ne s'étonnera de cette méprise, que l'obseruation Anatomique jointe à quelque reflexion pouuoit aysément empescher, puisque de tous les objets des sens, il n'y a que ceux qui appartiennent à la veuë, où il y puisse arriuer de telles illusions : car le sentiment de l'attouchement répandu comme il est par tout le corps, discerne les objets qui le touchent selon la tenuité, où la grossiereté de l'instrument, & selon la violence de celuy qui le manie : de sorte que comme on ne peut donner deux coups en mesme

mesme temps dans le mesme endroit; mais qu'il faut que cela soit successif, ou en diuerses parties du corps, il est impossible que l'Ame se trompe, puis-que chaque coup est different de place, ou de temps, ou de violence, ou mesme d'instrument, qui fait que non seulement elle sent ce qui la touche, mais aussi la place & la nature de l'instrument, sans qu'il soit besoin qu'il se face autre vnion du nerf qui porte le message qu'auec la substance mesme du cerueau. Pour le goût & l'odeur il y peut encore moins arriuer de tromperie, puisque ny l'vn, ny l'autre n'ont vne circonscription de partie qui ait besoin d'estre communiquée toute à la fois, pour estre receus par l'Ame comme il appartient; mais que c'est comme vn cours successif d'vne mesme matiere, dont la nature ne peut estre changée quand elle seroit portée au cerueau par cent diuers conduits tout à la fois. On peut dire à peu pres de l'oüye ce que nous auons desià dit des autres, que les sons estant comme autant de coups qui s'entre-suiuent, & qui different les vns des autres en delicatesse ou grossiereté, & en vehemence, il est difficile, quoy que le mesme son soit porté par deux diuers endroits tout à la fois, que l'Ame se trompe à les discerner, non seulement pource que le mesme son frape les deux aureilles en mesme temps, & tout à la fois, mais aussi pource que ne se trouuant pas facilemant deux tons entieremẽt semblables & de pareille hauteur, il n'est pas aysé de se mesprendre, ny difficile de discerner vn chacun d'auec les autres qui ont precedé ou qui luy succedent, à quoy sans doute peut beaucoup contribuër que les deux nerfs qui se portent aux aureilles de costé & d'autre ne s'inserent pas dans le cerueau fort loin l'vn de l'autre, ce qui peut faire que le mesme son qui passe dans les deux nerfs se confonde aysément, comme estant vn seul & mesme, dans la substance du cerueau. Et neantmoins de tous les sens il n'y en a point qui se trouble plus aysément que celuy-cy par la pluralité des objets ou des sons, en sorte que dans vn concert nous ne pouuons pas tellement suiure la voix de quelqu'vn de la compagnie à nostre choix, qu'il ne se fasse vne confusion des autres sons qui entrent pesle mesle : ce qui peut venir de la distance qui est entre les deux nerfs de la cinquiesme coniugaison du cerueau, dont nous auons desià parlé. Et qui combat plustost le sentiment de Monsieur Des-Cartes qu'il ne le confirme, puis-que s'il se faisoit vne vnion de chaque espece en soy dans la glande susmentionnée, ce trouble n'arriueroit iamais. Il ne reste donc plus que la veuë ou la confusion se mettroit aysément, si la nature n'y auoit pourueu, d'autant que l'espece visible doit porter tout d'vn coup les dimentions, l'estenduë & la plus-part des autres cõditions qui sont attachées à l'objet, & sur tout le nombre & l'éloignement, ce qui fait qu'au lieu d'vn seul objet, nous croirions aysément en apperceuoir plusieurs, si l'espece en estoit portée à diuerses reprises, & par des organes differens. Mais quicõque a veu la structure des nerfs optiques est hors de doute de ce costé, puis qu'estans fendus en deux branches, lors qu'ils se portent dans l'œil, ils se reünissent tellement en vn, auant que d'estre au cerueau, qu'il se fait vne parfaicte confusion de leur moëlle & de toute leur substance, auquel lieu les deux especes qui viennent par les deux yeux d'vn mesme objet, se reünissent entierement. Il est vray que ce nerf se fend encore en deux auant que de paruenir au cerueau, mais la reünion de l'espece s'estant faite auparauant, il ne faut plus craindre que nostre iugement y soit trompé, ne pouuant plus estre confonduë par le meslange des objets de dehors, comme lors qu'elle est entrée la premiere fois dans l'œil.

Il n'y a donc aucune necessité de ce costé-là d'inuenter vne autre partie à qui attribuër cét vsage, & laquelle estant trop petite pour receuoir toutes les especes qui partent de diuers endroits, seruiroit plutost à les confondre ensemble & oster le discernement, qu'à y apporter quelque distinction & quelque netteté. Et au reste quoy qu'en die Monsieur Des-Cartes, il y a plusieurs autres parties que cette Glandule qui soit seule en son espece, car pour ne point parler de ce petit auancemẽt longuet qu'on appelle l'Apophyse vermiforme, à qui on n'auroit pas peut-estre moins de droict d'attribuër les prerogatiues que l'on donne à cette Glande. non plus que la voûte à trois pilliers. & mesme la Glande Pituitaire; ne faut-il pas aduoüer que s'il estoit besoin de quelque partie simple & seule en son espece, on en pourroit choisir vne où establir le siege de l'Ame plus conuenable que le Cerebelle, ou le petit

Cerueau, qui eſt en la partie inferieure & poſterieure de l'autre, & qui n'eſt point ſeparé comme celuy de deuant en partie droite & gauche, & qui ſemble non ſeulement receuoir les eſprits de la derniere forge, & qui ont eſté eſpurez dans les premiers ventricules, mais qui de plus a cét aduantage de donner l'origine à tous les nerfs qui ſont deſtinez aux organes des ſens, & auſſi à la moëlle de l'épine, tenant ainſi comme en ſon pouuoir la diſpenſatiõ de tout le corps. Quoy que i'eſtime plus conuenable de mettre le principal ſiege de la faculté raiſonnable & ſenſitiue de l'Ame en toute la ſubſtance du cerueau, ſans diſtinction de parties, puis-que ny l'Anatomie, ny le Raiſonnement ne nous fourniſſent point de conjectures preſſantes, ny du lieu precis, ny de la façon que l'Ame exerce ſes plus nobles operations, bien loin de nous en donner des demonſtrations conuainquantes.

Et au reſte, ie ne puis que ie ne trouue eſtrange la façon dont il veut que l'Ame reçoiue les objets, & enuoye ſes commandemens pour le mouuement des parties, faiſant que les eſprits meuuent la Glande immediatement, laquelle puis apres en communique les impressions à l'Ame, & pareillement que l'Ame agisse immediatement sur la Glande, en faisant la premiere dispensatrice de ses volontez, laquelle en suitte pousse les esprits diuersement selon l'ordre qu'elle en a receu. Car si nous croyons qu'vn corps grossier, sensible, & maniable, tel qu'est cette petite Glande, puisse agir immediatement sur l'Ame, & receuoir reciproquement son action, que deuiendra desormais la necessité des esprits & de ces substances, tenuës & imperceptibles, que toute l'Antiquité a mises non seulement comme vn lien de l'Ame auecque le corps; qui participent en quelque sorte d'vne nature moyenne, mais aussi comme l'instrument immediat dont elle se sert pour apperceuoir & gouuerner par leur ministere, tout ce qui est de plus corporel.

CHAPITRE V.

Où il est traicté des principales facultez de l'Ame, la memoire, l'imagination, & le iugement. Quelle difference il y a entre elles, & de quelle sorte le raisonnement se forme en nous. Des songes. Du delire, & des causes de la folie.

IL est à present besoin de dire quelque chose de la nature du raisonnement, de l'imagination, des pensées, & du ressouuenir; afin que sçachant comme l'Ame exerce toutes les fonctions, nous puissions mieux comprendre de quelle sorte elle se gouuerne dans les passions; soit pour s'y donner toute entiere & s'y laisser vaincre, ou pour les surmonter & les reduire aux termes de la raison, mais comme cela semble plutost appartenir à la Philosophie morale, qu'à la naturelle, qui est icy nostre principal but, nous ne toucherons cette partie que legerement, afin de passer aussi-tost à ce qui est proprement de nostre sujet. I'approuue donc non seulement la pensée de Monsieur Des-Cartes sur ce sujet, qui croit que les especes des sens ayant quelque chose de corporel, font vne impression sur la substance de nostre cerueau, qu'il accompare à des pores & à des conduits, au moyen de laquelle les esprits venans à passer par le mesme endroit, nous en rafraischit la memoire : Mais de plus ie croy que tout le raisonnement en quelque science, & en quelque profession que ce puisse estre, & sur quelque matiere qu'on puisse mettre en auant, comme il a sa source & son premier fondement en l'Ame, ne dépend en ce qui nous est conneu que de ces impressions que les objets des sens laissent en nostre cerueau. De sorte que le cerueau d'vn enfant est comme vne table rase propre à receuoir toute sorte d'images qui luy sont presentées par les sens exterieurs, lesquelles à mesure qu'elles viennent, se logent en de certains endroits à peu prés en mesme façon que quelqu'vn qui auroit entrepris de dresser vne carte de tout le monde, non pas tout de suite, comme on a de coustume, mais à mesure que les pays & les villes luy viendroient dedans l'esprit, les rangeant neantmoins iustement dans l'endroit qui leur appartient à l'égard des longitudes & des latitudes, car de difforme que seroit d'abord cette carte, elle viendroit en suite à faire paroistre chaque chose en sa place, & auec les distances & mesures requises. Et ainsi quoy qu'vn enfant reçoiue confusémẽt & sans ordre les especes des objets qui luy sont presentées, chaque chose neantmoins se peint auec vn tel ordre en son cerueau, prenant la place qui luy est conuenable, qu'à la suite du temps il s'en fait vn ouurage parfait, &, s'il faut ainsi dire, des lieux communs de toutes choses, sur lesquels l'ame repassant, il n'y a rien dont elle ne soit capable de raisonner. Et voicy de quelle façon le raisonnement se forme ; Vn enfant qui n'a aucune connoissance, reçoit premierement par les sens les images de toutes choses, qui ne faisant rien en luy que peindre leur image, telle qu'elle est en soy, il n'en a autre connoissance d'abord, que celle de leur forme. Ainsi il connoist vn Chat, vn Chien, vne Maison, & toute autre chose, non pas selon son nom, sa structure, ses vsages, & autres proprietez, mais simplement selon que chacun d'eux s'est representé à sa veuë par sa figure, sa couleur & son estenduë, & aussi par ses mouuemens, si c'est quelque chose qui en ait. Mais l'vsage commun & la frequentation luy apprend premierement les noms de chaque chose, & en suite l'vsage, quoy que quelquefois celuy-cy vienne à preceder comme aux vstensiles domestiques, dont les enfans sçauent souuent l'vsage auant qu'en apprẽdre les noms, & comme les noms qu'on donne à chaque chose ne sont autre chose que des sons, dont l'image, ou l'espece, se presente à l'oüye, de mesme que l'image des choses visibles fait à la veuë, chacun neantmoins ſelon ſon eſpece, de là vient que l'vn & l'autre faiſant impreſſion à peu pres en meſme endroit du cerueau; comme nous auons accouſtumé d'apperceuoir ces deux images enſemble, auſſi-toſt que l'vne ſe repreſente à noſtre veuë, ou à noſtre aureille, ou meſme à noſtre penſée, l'autre ſuit incontinent apres, & c'eſt là ce qu'on entend dans les Eſcholes, par la premiere operation de l'entendement, que cette connoiſſance de chaque choſe ſelon ſeulement qu'elle ſe preſente à nos ſens. Mais comme nous venons à apperceuoir deux ou trois, ou pluſieurs images de certaines choſes en meſme temps, de là nous venons à comprendre & ce que c'eſt que le nombre & la difference, qui eſt non ſeulement entre diuerſes eſpeces, mais auſſi entre chaque indiuidu particulier. Pource que nous voyons qu'vne meſme choſe tantoſt ſe meut, & tantoſt ſe repoſe, ſans chãger toutesfois de figure, de là vient, que nous ſçauons faire diſtinction entre le repos & le mouuement. De ce que nous voyons vne meſme qualité en des ſubjets de diuerſes eſpeces, ou diuerſes qualitez en vn meſme ſujet, nous apprenons à diſtinguet chaque choſe l'vne de l'autre, & attribuer les qualitez qu'elle poſſede, ou communes, auecque les autres, ou particulieres à elle meſme, & c'eſt le ſecond degré par lequel paſſent les enfans lors qu'ils apprennent à raiſonner, comparant toute ſorte de choſes les vnes aux autres ſelon toutes les conditions que les ſens leur ont fait apperceuoir, ainſi quand il ſe preſente quelque choſe à leur veuë ou à leur aureille qu'ils n'ont point encore veuë, ny oüye, ils diſent elle eſt faite comme vne telle autre, elle eſt de la couleur, de la figure, ou de la grandeur d'vne telle ou telle autre, elle crie & elle fait du bruit, comme cecy ou cela. Et c'eſt proprement ce degré que l'on nomme és Eſcholes la ſeconde operation de l'entendement, entant qu'elle ſuit immediatement la premiere. De meſme que la troiſieſme & derniere n'eſt qu'vne perfection de toutes les deux: car l'homme ayant vne connoiſſance parfaite des images de chaque choſe, de leurs noms, de leurs qualitez, de leur difference ou reſſemblance de nature & de proprietez, auecque toutes les autres, commence en repaſſant ſur chacune à en tirer des conſequences, par le moyen deſquelles eſtant reduites en ordre, toutes les ſciences, toutes les maximes pour la conduite de la vie,

& tous les Arts tant liberaux que mechaniques prennent leur origine, laquelle façon de repasser sur les objets & inferer vne chose de l'autre est propremēt ce que nous appellons raisonner. Où il est encore necessaire de remarquer, que comme par le benefice des sens exterieurs, & sur tout de l'attouchement nous reconnoissons les choses qui sont capables de nous blesser & nous incommoder ou de nous plaire & de nous seruir, comme nous appellons l'vn bien, & l'autre mal, c'est de là que par proportion nous conceuons ce que c'est que le bien & le mal, au regard de l'esprit, estant impossible à l'homme de comprendre ce que c'est que le vice & la vertu, le peché & l'amour de Dieu, sinon entant que par le ministere des sens il a connoissance des choses qui le blessent, ou qui luy sont vtiles. Nostre cerueau estant donc remply par l'entremise des sens, comme vn ample magasin des images de toutes les choses qu'il a veuës, qu'il a oüyes, & qu'il a goustées, flairées & senties, & estant dressé par l'vsage à faire reflexion par le moyen des esprits sur toutes ces images, voicy quelles sont les operations ordinaires de l'Ame, que nous pouuons distinguer en celles qui ſont confuſes, & celles qui ſont diſtinctes.

Celles qui ſont diſtinctes ſont de deux ſortes, car elles ſe font par le miniſtere immediat des ſens exterieurs, ou par le moyen des images qui ont autrefois eſté imprimées en noſtre cerueau par les meſmes ſens. En la premiere ſorte les ſens repreſentans à l'ame certaines choſes ſur leſquelles il eſt beſoin de quelque deliberation, cela l'oblige à pouſſer les eſprits par tous les organes des ſens qui luy peuuent faire voir les circonſtances de ce dont il s'agit, & en meſme temps pouſſant les eſprits par toutes les traces des images imprimées dans le cerueau, qui ont du rapport auec la meſme choſe, elle deſcouure de nouuelles lumieres pour ſe conduire en l'occaſion preſente. Ainſi vn Capitaine eſtant obligé de combatre à l'improuiſte auec vn petit nombre de gens contre vn plus conſiderable, il remarque toutes les circonſtances du lieu pour ſe camper auantageuſement, taſche d'attirer ſon ennemy en quelque endroit où il ſoit obligé de faire vn defilé, ou l'engager dans quelque mareſcage, ou autre place incommode, il repaſſe en ſon eſprit ſur les images des combats qu'il a faits autrefois, & de ceux de son ennemy, sur la reputation de ses soldats & celle de ses aduersaires, sur la nature de leurs armes & des siennes, & comparant le tout l'vn à l'autre, il iuge du succez de l'affaire, & prend resolution sur ce qu'il a à faire. Et repassant mesme sur pareilles occasions arriuées autrefois, ou à luy, ou aux autres, & de quelle façon on s'y est comporté, de toutes ces images il en forme vne pour la rencontre presente, qui semble nouuelle à la verité, mais qui neantmoins n'est composée que de toutes les autres iointes aux circonstances presentes. Ce qui se doit entendre de toutes les autres deliberations & conseils.

Les operations de la seconde sorte ne sont autres que les pẽsées qui naissent sans l'entremise des sens exterieurs, quoy que ce soit par leur moyen que les images sur lesquelles nostre ame repasse ont autrefois esté peintes en nostre cerueau. Cela se fait donc à peu pres en la mesme sorte, que nous venons de dire des choses qui se voyent, auec la mesme difference qui est entre celuy qui lit vne histoire, & celuy qui en a esté spectateur, c'est à sçauoir en repassant sur toutes les images presentes, & cecy se distingue en trois Classes, l'Imagination, le Iugement, & la Memoire, lesquelles ne consistent toutes trois qu'en ce que nostre ame repasse les esprits sur les images des choses qu'elle a peintes dans le cerueau, mais toutesfois en bien differentes sortes, car dans la memoire, comme elle n'a dessein de repasser sur les images, que pour les voir simplement, & pour les contempler telles qu'elles ont autrefois esté peintes par les sens, elle a besoin d'vn bien moindre effort, & seulement de pousser les esprits dans les diuers endroits où ces images sont empreintes, ce qui luy donne plus ou moins de peine selon que l'image a fait vne plus forte ou moindre impression en la substance du cerueau, & que les esprits sont plus grossiers ou plus delicats pour en receuoir promptement l'empreinte, afin de la communiquer à l'ame: Qui fait que la prompte memoire dépend de deux choses, de la molesse du cerueau qui reçoit vne profonde impression, & de la grossiereté des esprits qui s'accommodent plus facilement à la nature grossiere & corporelle de nostre corps, & ainsi en reçoit l'image plus parfaite, au lieu qu'elle s'écoule & se broüille plus facilemẽt en ceux qui sont plus deliez, de mesme que la cire reçoit & conserue les figures que l'eau ny l'huyle ne peuuent transporter hors du moule qui la leur a donnée. Mais la longue memoire dépend dauantage de la seicheresse du cerueau, où l'image se conserue plus long-temps, moyennant que la frequente reueuë de l'objet en ait fait vne profonde impression, & cependant en cette rencontre il est pareillement besoin de la grossiereté des esprits.

Dans l'Imagination nostre Ame repasse aussi sur les images, mais auec ce dessein de remarquer les diuerses conditions & proprietez qui appartiennent ou peuuent cõuenir à certaines choses, afin de les arrenger tout d'vne autre sorte qu'elles n'ont esté representées par les sens exterieurs, en quoy il semble que l'imagination s'accorde auecque la seconde operation de l'entendement, dont nous auons tantost parlé de mesme que la memoire a beaucoup de ressemblance auec la premiere, & le iugement dont nous parlerons cy apres auec la troisiesme. Et pour la prompte imagination il est besoin de deux choses, sçauoir de quãtité d'images qui prouient de la connoissance de l'experience de diuerses choses, & d'esprits vifs & delicats, qui repassent prompteprõptemẽt & en meſme tẽps ſur pluſieurs images pour les repreſenter à l'Ame, à fin que les comparans les vnes aux autres, elle transfere diuerſement les qualitez & proprietez de certains ſujets à certains autres, ſelon qu'elle y eſt pouſſée par les circonſtances des lieux, des temps & des perſonnes; ainſi que les Orateurs le peuuent experimenter en eux-meſmes, qui pour amplifier quelque matiere, repaſſent en leur eſprit tous les lieux de l'inuention qu'ils appellent du genre, de l'eſpece, des cauſes, des effects, & de toutes les autres circonſtances, pour les accommoder à leur ſujet, & c'eſt delà que dépendent toutes les penſées nouuelles, qui n'ont toutesfois rien de nouueau que certaines circonſtances qui ont changé l'arangement des images, de meſme que ſemblables parolles en deux diſcours differens ſemblent auoir vn different vſage : Et c'eſt delà que naiſſent les Chimeres, & l'aſſortiment de certaines ſubſtances & qualitez en vn, qui de leur nature ne peuuent ſouffrir cette vnion ailleurs que dans noſtre cerueau. Comme il eſt donc manifeſte que la tenuité des eſprits eſt neceſſaire en cette operation, d'autant qu'elle dépend de la comparaiſon de diuerſes images qui ne peuuent eſtre comparées, ſi elles ne ſont repreſentées tout enſemble, & ne peuuent obtenir cette promptitude que par l'extréme agilité, mobilité & ſubtilité, (car quoy que diuerſes images ſemblent ſe preſenter toutes à la fois, cela neantmoins n'eſt que ſucceſſif & ne paroît contemporel qu'à raiſon de la prompte ſucceſſion de l'vn à l'autre) il ne faut pas s'étonner ſi la parfaite memoire ne ſ'accorde pas facilement auec la promptitude de l'imagination, quoy qu'à vray dire la memoire ſoit le vray fondemẽt des deux autres operations de l'Ame, mais encore qu'elle ſoit lente, elle ne laiſſe pas de paſſer pour bonne, ſi elle repreſente parfaitement les images, au lieu que ſi cette repreſentation ne ſe fait promptement, il eſt impoſſible qu'il ſe face de ſubtiles imaginations.

La troiſiéme & derniere operation diſtincte de l'Ame, qui eſt le jugement, & que nous auons confonduë auec le raiſonnement, quoy que l'imagination merite bien auſſi en quelque ſorte ce nom, dépend pareillement d'vne reueuë de l'Ame pardeſſus les images qui ſont dans le cerueau, mais auec cette difference qu'elle n'est pas contente de la simple veuë des images, comme la memoire, ny qu'elle n'est pas satisfaite de la comparaison des choses les vnes aux autres, qui fait le principal poinct de l'imagination; mais qu'elle a dessein d'accommoder les circonstances au sujets, non pas capricieusement comme l'imagination, mais autant que la nature de la chose le peut permettre, en sorte qu'il soit impossible à vn autre d'agencer la chose plus conuenablement, & à vray dire, il n'y a quasi qu'vn seul vray jugement d'vne mesme chose, au lieu qu'on en peut imaginer vne en dix milles façons, qui seront peut-estre égallement plausibles. Et c'est en cette derniere principalement que paroît la difference de l'homme & des bestes, qui peuuent auoir la memoire aussi bien que nous, & quelque étincelle d'imagination, comme l'experience en fait foy, mais qui ne font iamais rien paroître qui resente ce[illegible]-cy, qui dépendant d'vne constitution de l'Ame qui nous est imperceptible, aussi n'en pouuons nous parler que foiblement.

Neantmoins, s'il est loisible de faire effort en vne chose de telle consequence, qui nous empeschera de dire que cette operation dépend outre la nature de l'Ame, principalement de deux choses, l'abondance des images dont nostre cerueau est pourueu, & de la trempe moyenne des esprits, qui n'estans propres, ny par la grossiereté à la trop grande memoire, ny par l'extreme tenuité & subtilité à la prompte imagination, ne manquent point de representer les images necessaires en chaque occasion. Mais neantmoins sans trop de vitesse, capable d'empescher la reflexion qu'il est necessaire de faire sur chacune, à fin d'en tirer des consequences vallables, & apres auoir examiné toutes les circonstances, en former vn jugement certain, qui estant des choses passées ou presentes se nomme proprement jugement, des futures qui sont en nostre pouuoir, conseil, de celles qui n'y sont point prognostic, & de celles qu'il est besoin de mettre à execution, deliberation & volonté.

Il ne reste plus maintenant à considerer que la multitude des images necessaires pour cette operation, qui dépend entierement de la grande experience, soit pour auoir exercé soigneusement ses sens à la consideration de toutes sortes d'objets ſoit pour ſ'eſtre trouué en diuerſes rencontres qui nous ayent donné la connoiſſance de diuerſes choſes, ſoit pour auoir leu ou oüy dire toutes les choſes qui ont du raport auec celle dont il eſt queſtion de juger, d'où vient que le Pere de la Medecine a tres-bonne grace, lors qu'il joint la memoire à la prudence, comme ſa compagne inſeparable; d'autant que tout noſtre conſeil, noſtre ſageſſe & noſtre prudence dans le gouuernement de la vie humaine depend particulierement de la memoire de ce qui eſt arriué à d'autres & à nous-meſmes en occaſions à peu prés ſemblables. D'où vient que l'vn a le jugement bon en vne choſe, qui l'a defectueux en l'autre, faute des connoiſſances neceſſaires pour cet effect. Et c'eſt auſſi pour cette raiſon qu'on fait eſtat de la prudence & du jugement des vieillards en toutes choſes, chacun neantmoins en ſa profeſſion, le nombre des rencontres precedentes leur fourniſſant des lieux communs fertilles, d'où ils tirent les conſeils & les deliberations pour les occaſions preſentes. Ce qui eſtant ordinaire ſur tout au fait de la Medecine, il n'eſt pas mauuais d'auertir icy, qu'on ne fait pas eſtime d'vn vieil

Medecin, entant qu'il a nombre d'années, mais en ce qu'on ſuppoſe qu'il y a long-temps qu'il exerce ſa profeſſion, qui fait que tel n'eſt pas fort auancé en âge, qui en peut ſurpaſſer d'autres plus Anciens au fait de l'experience. Ce que je dis non en deſſein de diminuer le credit & la reputation des Anciens, qui doit ſans doute preualoir à celle des ieunes, quand toutes les autres choſes ſuiuent égallement, veu ſur tout que l'âge ſemble donner quelque trempe à leurs eſprits, qui les rendant moins capables de la viuacité requiſe à la prompte imagination, fait auſſi qu'ils ſont plus raſſis & plus meurs; c'eſt à dire qu'ils font de plus profondes & ſolides reflexions ſur les circonſtances preſentes, & ſur les occaſions paſſées: Mais c'eſt ſeulement pour faire en paſſant l'Apologie de certains jeunes Medecins, dont l'experience ne ſe doit pas touſiours meſurer à la barbe.

Suiuent maintenant les operations confuſes de l'entendement, qui ſe doiuent conſiderer aux perſonnes éueillées ou endormies: De la derniere ſorte ſont les Songes, & de la premiere les Imaginations des fous, & de ceux qui ſont au delire, & les penſées des perſonnes tranſportées de paſſions violentes, en toutes leſquelles rencontres ie croy que l'Ame comme elle eſt immaterielle & de nature releuée au deſſus de tout ce qu'il y a de corporel en nous, agit touſiours d'vne meſme ſorte, mais à raiſon de l'indiſpoſition des eſprits, de leur mouuement déreiglé, ou du mauuais ordre des images, & auſſi de l'obſtruction ou trop grande dilatation des conduits par où ils doiuent paſſer pour toucher les images qui ſont imprimées au cerueau, il en naiſt vn déreiglement tel, que nous remarquons, quoy que nous ne puiſſions pas touſiours en aſſigner la cauſe prochaine & preciſe. Quand donc nous dormons, les eſprits eſtans pouſſez çà & là, non par aucun commandement de l'Ame comme à ceux qui ſont éueillez, mais par leur propre mobilité touchent confuſément diuerſes images, leſquelles ſe preſentans à l'Ame dans le meſme deſordre, elle taſche, ſelon ſon naturel, d'y apporter quelque arrangement, & d'en former vn raiſonnement complet, & quelquesfois partie par la rencontre fortuite des eſprits en des images qui ont entr'elles quelques ſuites, partie par l'induſtrie de l'Ame qui taſche, ainſi que nous auons dit, d'ajuſter ces images en quelque ordre, il s'y trouue vn sens assez complet, sans que toutesfois il y faille rien chercher de mystique, cōme l'on fait d'ordinaire, sinon en ce qui regarde la constitution du corps, dont les songes nous fournissent souuent d'excellens indices: Car pour d'autre signification occulte, cela n'est propre qu'aux songes enuoyez diuinement, qui sans doute ont non seulement la force comme des lettres hieroglyphiques de signifier quelque chose, mais aussi portent auec eux l'inspiration diuine d'y adiouster foy, sans quoy ils seroient inutiles. Cependant la pluspart des autres songes n'ont souuent ny suite ny ordre à raison du mouuement tumultuaire des esprits, qui sautent d'vne image en l'autre, sans s'attacher à celles qui sont entre-deux, ou qui y ont quelque rapport, comme lors qu'vne personne qui ignore la Geographie regarde dans vne carte du monde, que c'est tantost vn village de l'Europe, tantost vne ville de l'Asie, & tantost vne de l'Amerique, surquoy il est impossible de faire aucune reflexion: au lieu qu'vn qui en a connoissance, regarde les pays auec vn certain ordre, obseruant la situation & la distance des lieux. Et il ne faut que l'experience pour nous faire auoüer la verité de cette position, que ce sont les esprits qui remüent ainsi les images, puisque nous remarquons qu'aux personnes plus chastes, lors qu'elles sont endormies, si les parties que la nature a destinées à la generation sont remplies de matiere, il s'en éleue des vapeurs qui se meslans auec les esprits, les obligent à remuër les images lasciues qui sont peintes dans le cerueau, d'où naissent les songes impudiques. Et lors qu'vn hõme se couche auec la faim ou la soif, les esprits poussez par la disette du corps remüent toutes les images des viandes & des breuuages, qui, s'ils estoient réels, pourroiẽt assouuir la faim & la soif. Ce qu'il faut pareillement entendre de la pluspart des autres choses.

Il faut croire à peu pres la mesme chose de l'imagination des fous, & du déreiglement de ceux qui sont en delire, qui naist, non pas par le vice de l'Ame, qui autrement seroit imparfaite, caduque & perissable, mais par le desordre des images qui peuuent quelquefois estre changées de leur place naturelle, ou effacées par le mouuement desreiglé des esprits, & qui plus est par l'obstruction des conduits, par où ils doiuent passer pour suiure auec ordre la trace des images, comme cela se void en ceux qui tombent en delire, qui guerissent d'ordinaire comme les autres malades par l'euacuation de certaine matiere. Et c'est ce que les anciens, mais sur tout Hippocrate & Platon, appellent les voyes ou les circuits de l'ame, confondant ainsi la maistresse auec les ministres, qui sont les esprits. Il se remarque aussi à peu pres vne pareille confusion dans l'esprit des enfans, mais qui naist d'vne autre cause, sçauoir d'autãt que toutes les places des images ne sont pas encore remplies, & qu'ainsi l'ame n'y trouue pas d'ordre suffisant, mais nous ne trouuons pas cela estrãge comme aux fous, d'autant que nous esperons que le temps y donnera ordre. De cecy aussi que nous venons de dire, il est facile de iuger, pourquoy certains fous n'extrauaguent pas en tout, mais raisonnent par fois aussi parfaitement sur certaines rencõtres, qu'ils paroissent ineptes en d'autres, dautant que les images necessaires leur manquent, ou que le passage des esprits est bouché: & ainsi de toutes les autres rencontres.

CHAPITRE VI.

Où est examiné le reste des sentimens de Monsieur Des-Cartes touchant le siege des passions, & s'il a raison de les oster du cœur. Quel est l'usage des nerfs qui s'inserent au cœur, & la nature de son mouuement. Ensemble, est faite consideration sur la source des passions, & leur premiere origine en nous raportée par Monsieur Des-Cartes.

IL reste encore à parler du dereiglement qui se remarque aux passions, mais comme c'est celle à laquelle nous auons particulierement dessein de nous attacher, il est temps de retourner à nostre Autheur, & voir quels sont ses sentimens auant que de produire les nostres. Et pour le dire en peu de paroles, il faut aduoüer que quoy que Monsieur Des-Cartes donne quasi par tout des tesmoignages de la sublimité de son esprit, il s'est neantmoins esloigné de la verité ou de la vray-semblance en beaucoup de choses au regard de cette matiere, lesquelles nous deduirons icy par ordre le plus succinctement qu'il sera possible.

Et premierement il semble auoir assez mal à propos logé les passions de l'ame dãs le mesme siege qu'il donne à la plus noble de ses facultez, puisque chacun sçait que c'est dans le cœur que nous en ressentons les principaux effets, & que c'est luy qui s'en esmeut le premier, sans que le cerueau en tesmoigne aucune alteration; & la pluspart des caracteres que les passions impriment sur nostre visage & dans le reste de nos membres, ne naissent que du desreiglement qui paroist dans le cœur par les passions, comme nous ferons voir plus bas. Car puis qu'il aduoue luy-mesme, que le sang & les esprits par leur mouuement desreiglé sont capables d'entretenir les passions, & mesme de les exciter, ne leur deuoit-il pas donner la mesme source qu'à ceux qu'il cõstitue dans le cœur auec Harueus, & ceux qui entendent la doctrine de la Circulation.

Secondement, ie trouue qu'il combat foiblement le sentiment commun qui loge les passions au cœur, disant que *l'alteration qui s'y remarque n'est sentie comme dans le cœur que par l'entremise d'vn petit nerf qui descend du cerueau vers luy, ainsi que la douleur est sentie comme dans le pied, par l'entremise des nerfs du pied*. Car c'est assez aduouër que le siege des passions est dans le cœur, de dire qu'elles y sont comme la douleur est dans le pied, puisque personne que ie sçache n'a encore nié que la douleur soit dans la partie où elle se fait sentir ; Et de plus si le cœur ne témoignoit tant d'alteration dans les passions, qu'à raison qu'il reçoit des nerfs du cerueau, c'est à dire simplement, à cause qu'il a le sentiment comme les autres membres, pourquoy chacun des autres qui n'en sont pas destituez ne tesmoigneroient ils pas la mesme alteration chacun en son genre, & ie ne iuge pas par les paroles de Monsieur Des-Cartes pourquoy dans la cholere, dans la crainte, & dans les autres passions, le cœur doit témoigner plus d'alteration que le pied & la main, qui semblent mieux garnis de nerfs ou aussibien que luy.

Mais ce que ie trouue de plus estrange, & qui est la troisiesme instance que i'auois à rapporter, c'est qu'il asseure que par le moyen de ces nerfs qui descendent du cerueau au cœur, non seulement il ressent les passions comme toutes les autres parties mais de plus que selon la nature de chaque passion les mesmes nerfs seruent à eslargir

gir ou resserrer les orifices du cœur, d'où il fait naistre la diuersité du battemẽt, & consequemment la deprauation du battement du sang & des esprits. Car encore qu'Hippocrate au Traitté qu'il a escrit du Cœur, luy donne le nom de Muscle, il est certain neantmoins que ce n'est que par vne ressemblance esloignée, puisque le muscle est proprement l'organe du mouuement volontaire, au lieu que les mouuemens du cœur ne dependent en aucune sorte de nostre volonté, & ie ne croy pas qu'il y ait iamais eu de Medecins qui se soient imaginé à cause que le cœur reçoit quelques nerfs qu'il emprunte pour cela aucũ mouuement du cerueau. Et de fait, outre ce que nous venons de dire, & que l'experience confirme assez, que les mouuemens du cœur ne dependent en aucune sorte de nostre volonté, d'où vient aussi qu'on les nomme naturels, à la distinction de ceux des muscles qui sont volontaires, n'est-il pas assez manifeste à quiconque entend l'Anatomie, que le cœur n'approche en aucune sorte de la conformation requise à vne partie qui doit estre muë par les nerfs, puisque en cette occasion tout ce qui se meut doit estre meu sur vn fondement &

vne base solide, & le cœur ne se meut qu'en soy-mesme, les organes qui se doiuent mouuoir sont les muscles, qui necessairement prennent leur origine d'vn autre lieu que celuy qui doit souffrir le mouuement, & cependant le cœur n'a point d'autre muscle que soy-mesme, estant luy seul la partie muë, le moteur & la base. Et au reste comme il asseure que les passions disposent l'ame à vouloir les mesmes choses ausquelles elles preparent le corps, & que les esprits sont enuoyez diuersement aux parties qui doiuent obeyr à l'ame, comme dans la peur aux muscles des pieds pour fuyr, & dans la colere à ceux des bras pour combatre, il eust esté non seulement necessaire de faire voir que les esprits sont pareillement enuoyez du cerueau au cœur, mais aussi de monstrer quel en est l'vsage, & quel but la nature se propose en ce mouuement desreiglé du cœur, qui est ce que Monsieur Des-Cartes n'a pas mesme effleuré. Car puis qu'il aduouë en l'article 46. que toutes les passions sont accompagnées de quelque émotion qui se fait dans le cœur, & par consequent aussi en tout le sang & les esprits, où il deuoit en cela monstrer, quel est le dessein de l'ame ou n'en

Art. 40.

rechercher la cauſe au cerueau, dont il ne doit venir que des commandemens fondez ſur quelque raiſon, & pour vne vtilité manifeſte.

Art. 107. par. 2. & ſuiuans. Ie trouue auſſi fort étrange la cauſe qu'il aſſigne des mouuemens du cœur dans les paſſions, outre ce qui a eſté dit des nerfs, en recherchant l'origine dans la matrice, & dés la premiere conformation, diſant que lors que le corps eſtoit encore tendre, il a eu faute de ſang, ou trop grande abondance, ou receu vn ſang deſagreable & de diuerſe nature, autre que ce qu'il doit eſtre ordinairement, ce qui l'ayant obligé à l'heure à ſe reſtreſſir pour l'empeſcher d'entrer, ou à le dilater pour le receuoir, & l'ame en ayant receu dans le temps meſme de la joye ou de la triſteſſe, ou quelque ſemblable paſſion, de là eſt venuë l'habitude au cœur de reſſentir les meſmes mouuemẽs dans ces paſſions, lors qu'elles arriuent à l'ame apres la naiſſance & en vn eſtat parfaict. Car par ce moyen il rend caſuelles, fortuites & accidentelles des conditions qui ſont entierement attachées à noſtre nature, & leſquelles ſi elles n'auoient point d'autre ſource, pourroient ſans doute ne ſe rencontrer point en la pluſpart plus-part des hommes, & qui n'auroit ressenty aucun accident fâcheux dedans la matrice, comme cela peut arriuer, ne sentiroit aucune alteration en son cœur, ny en son corps par les plus violentes passions, & ne seroit aucunement sujet aux caracteres qu'elles impriment sur le visage, non plus qu'aux autres accidens, qui neantmoins est vne chose trop commune pour la faire dépendre du hazard.

Ie dirois aussi quelque chose du dénombrement qu'il fait des passions & des causes qu'il attribuë à chacune; mais comme nous nous contentons d'auoir montré les principaux inconueniens qui naissent de son opinion, nous quittons volontiers la refutation de ses sentimens, pour venir à l'exposition des nostres, enquoy nous vserons pareillement de toute la briefveté imaginable.

CHAPITRE VII.

Où l'Autheur commence à découurir son sentiment, touchant la nature & les causes des passions, & fait vne deduction de chacune des principales en particulier, en leur assignant leurs causes & leurs vsages.

POVR prendre la chose dés sa source : Ie croy que la vraye cause des passiõs de l'Ame n'est qu'vne suite de l'vnion étroite de l'Ame auec le Corps ; & s'il faut ainsi dire vne ligue offensiue & defensiue de l'vne & de l'autre contre toutes les choses qui peuuent tendre à leur des-vnion, separation , & consequemment vn embrassement mutuel de toutes celles qui semblent pouuoir seruir à cet entretien, & à l'étroit lien de leur mariage, d'où vient qu'vn Ecriuain des plus polis, & des derniers qui se soient exercez sur cette matiere n'a pas mauuaise raison de mettre l'amour de soy-mesme pour la premiere cause & pour le fondement de toutes les passions, & icy, ce soy-mesme n'est autre que l'Ame & le Corps étroitement attachez ensemble. Et comme l'vn & l'autre ont vne égalle perte & interest en cette ligue, chacun aussi s'oblige solemnellement selon sa portée de contribuer tout ce qui est de son pouuoir à éuiter les accidens nuisibles, & suiure les choses vtiles à cet entretien commun. Mais pource que l'Ame a bien la puissance de reconnoître les biens & les maux, comme estant sage & clair-voyante ; mais n'est pas de nature corporelle, ny proportionnée à leur groſſiereté, pour les rechercher, ou les fuir: c'eſt le corps qui prend cette charge, qui de ſon côté étant propre, & à fuir, & à ſuiure, mais ne poſſedant de ſoy-meſme aucune cognoiſſance releuée, & ne ſçachant pas ſouuent faire diſtinction des bonnes & des mauuaiſes choſes, a beſoin des auertiſſemens de l'Ame, auant que de ſe mettre en deuoir d'agir. Cette ligue eſt commune entre le Corps & l'Ame à parler generallement, n'y ayant point de partie de noſtre Corps, ny de facultez en noſtre Ame qui ne s'employe au beſoin pour cet effect; mais d'autant que c'eſt au cœur comme le ſiege principal de toutes les puiſſances corporelles, que ſe contracte premierement cette vnion, & qui ne reçoit la vie qu'à cette condition, auſſi eſt-ce luy qui fait le premier paroître les effets de ſon inclination, ne perdant aucune occaſion de mettre à execution ce à quoy cette vnion l'engage, attirant par apres toutes les autres parties dans la meſme conſpiration.

Il eſt difficile d'exprimer nettement ce que l'Ame fait en ce rencontre, ſinon qu'elle aduertit le cœur auquel elle eſt étroitement jointe, de la nature des objets qui l'assaillent à fin qu'il s'apprête à les combattre, ou à les receuoir chacun selon sa nature : il est certain aussi qu'outre ce qu'elle juge des objets, elle ressent certains mouuemens en soy-mesme qui expriment la fuite, ou la recherche qu'elle veut imprimer au cœur, quoy que le tout se face mieux paroître en la partie corporelle : le mouuement du Corps & de l'Ame & du cœur en particulier est donc de deux sortes, d'auersion & de recherche, desquels tous les autres participent, ces deux étans es vrays & vniques fondemens de toutes passions.

Les choses pour lesquelles nous auons de l'auersion sont au dessus de nostre pouuoir, ou sont beaucoup au dessous, nous éuitons les premieres par la fuite ; & c'est ce que nous appellons la peur, ou la crainte, dont la honte & la tristesse ne different que du plus au moins : Mais nous repoussons les dernieres à force ouuerte ; & c'est en cela que gît la nature de la Colere.

Les choses qui nous paroissent vtiles, & pour lesquelles nous auons de l'affection nous causent de l'amour, ou du desir de les joindre à nous, & nous à elles ; & icelles se presentent toutes à nous comme presentes ou absentes, à toutes lesquelles nous allons au deuant, & nous ouurons pour les receuoir de tout nostre pouuoir, chacune selon sa nature, nous nous ouurons à celles qui sont presentes ou voisines; & c'est ce qui nous cause la joye, & les mesmes choses dans la continuation se tournent en amitié, ou en degoût. En amitié, lors que les choses que nous embrassons, cessans de nous émouuoir si fort, le desir se r'alentissant par la joüissance, continuent neantmoins à nous paroître vtiles. En dégoût lors qu'en ayant receu la satisfaction que nous en attendions, elles cessent de nous estre, ou nous paroître vtiles: mais si les possedans nous sommes parfaitement satisfaits, nous ne recherchons plus rien au delà; & c'est souuent ce qui se nomme orgueil à nôtre égard & mépris, eu égard aux choses pour lesquelles nous auons de l'indignation: Celles qui sont absentes nous les considerons comme faciles ou difficiles à obtenir, ou tout à fait d'accez impossible. Les premieres nous causent du desir, de la joye & de la crainte: Du desir, comme étans vtiles; De la joye, d'antant qu'elles sont voisines, & de la crainte, ou de leur retardement, ou de quelque obstacle, particulierement s'il y en a quelque apparence; & c'est en cette rencontre, & en la suiuante que se trouue ce qu'on nomme ordinairement esperance: Quand la chose souhaitée est de difficile accez; elle nous cause aussi du desir; mais qui est mélé de beaucoup de crainte & de peu de joye; & c'est de ceux qui sont en cet état, qu'on dit qu'ils flottent entre l'esperance & la crainte. Mais si l'acquisition en paroît du tout impossible, ou cela r'allentit & éteint le desir, ou cause le desespoir, qui est vne indignation mutuelle du Corps & de l'Ame, pour n'auoir pû obtenir ce qu'ils souhaittoient, qui leur fait haïr l'étroite vnion qu'ils auoient contractée, jusques à tâcher quelquesfois de se separer.

Voylà à peu prés quelles sont les principales passions de l'Ame, & dont toutes les autres ne sont que des branches, ou des mélanges, dans lesquelles il n'est pas facile d'exprimer la nature des mouuemẽs, dont nôtre Ame est agitée, seulement sçauons-nous par experience qu'il n'y en a aucun où elle ne ressente quelque particuliere émotion, & qui sans doute s'acommode parfaitement auec les mouuemens de nôtre cœur & de nôtre corps en chaque rencontre, autant qu'vne choſe ſpirituelle & vne corporelle peuuent compatir enſemble, & conſpirer à meſme fin.

CHAPITRE VIII.

Où l'Autheur entrant plus auant en matiere, montre quelle eſt l'inclination de la ſubſtance de tous les corps à ſe reſerrer & ſe dilater ; en faiſant en ſuite l'application au cœur, dont la ſtructure & les mouuemens ſont icy deduicts en paſſant.

IE laiſſe donc à vn chacun la liberté de rechercher plus auant d'où dépendent ces mouuemens de l'Ame, me contentant d'en auoir recognu la difficulté, & la choſe étant plus facile à déduire que la cauſe à exprimer ; mais pour ce qui eſt de l'operation corporelle, & du cœur & de tout le corps en chacune de ces paſſions, je fais état de m'y attacher plus étroitement, comme étant d'auantage de ma portée, & dépendant en partie de la cognoiſſance des forces de la matiere, & du gouuernement de la nature, à quoy ma profession m'oblige d'apporter plus d'estude & d'assiduité. Et deuant que d'entrer en matiere, il est à propos d'aduertir le Lecteur, que si dans le discours suiuant nous semblons donner beaucoup à la matiere & à la nature, nous entendons toutesfois qu'il faut aux animaux que l'ame soit iointe auant que la matiere soit capable de reduire de puissance en acte toutes les facultez & proprietez que nous luy attribuërons.

Ceux qui ont pris la peine de voir vn Traité du flux & reflux de la mer que i'ay mis au iour il y a quelques années, ont peû remarquer qu'il se trouue quasi en toute matiere, mesme la plus inanimée vne double inclination, l'vne à se resserrer en soy-mesme, afin de s'vnir plus estroictement en soy, & se separer du commerce des autres, laquelle ie nomme quasi par tout le principe de concretion, & l'autre à se laisser dilater par celles qui sont de nature plus tenuë & moins resserrée, & qui neãtmoins ont quelque rapport, & de la ressemblance de substance auecque les precedentes, qui aussi est la vraye cause qu'elles se laissent ainsi dilater contre leur inclination premiere. I'ay fait voir que cette inclination à se resserrer est principalement remarquable aux substances salées, qui se congelent au milieu de l'humidité, & des liqueurs plus fluides, & par leur entremise il n'y a point de corps composez, qui à raison de leur meslange ne cõseruent la mesme inclination. Cela se void encore en la pluspart des substances onctueuses qui se congelent de mesme façon. Ie ne dis rien des pierres, des metaux, ny des os des animaux, lesquels, ce n'est pas de merueilles s'ils possedent cette qualité, puisque auec la grossiereté de leur substance, ils ont vn considerable meslange de sel, qui oblige mesme la fluidité de l'eau à la mesme loy, comme i'ay fait voir au lieu sus-allegué, & ceux qui ont tant soit peu de connoissance, ie ne diray pas des experiences Chymiques, mais de celles que l'vsage cõmun ne permet quasi à personne d'ignorer, peuuent facilement remarquer par tout cette verité. Pour la dilatation, elle se remarque en plusieurs sortes de corps, mais sur tout aux fluides, qui surmontent souuent cette faculté concretiue, qui se trouue aux substances plus resserrées, obseruant neantmoins en cela la similitude de substance, puisque tout corps solide n'est pas dissour par toute ſorte de liqueur, mais ſeulement par certaines. Et de cette inclination diuerſe des premieres ſubſtances naiſt ſouuent dans les corps composez vn double mouuement, l'vn de reſſerrement, par lequel toutes les parties ſe retirent vers le milieu comme vers leur centre, & l'autre de dilatation, par lequel les meſmes parties sont pouſſées du centre vers la circonference; & comme deux mouuemens contraires ne peuuent pas ſubſiſter enſemble en meſme temps dans le meſme ſujet les mouuemens deuiennent ſucceſſifs, l'vn ayant tantoſt le deſſus, & l'autre deuenant peu apres le maiſtre. C'eſt de là que nous auons fait naiſtre les mouuemens reciproques de la mer. C'eſt de là que dependent vne infinité d'effets qui ſe remarquẽt en la nature: & c'eſt de là encore, que la pluſpart des mouuemens des animaux qui ne dependent point de la volonté tirent leur origine, & de faict ce n'eſt autre choſe que de cette inclination de dilatation & de contraction qu'eſt composé le mouuemẽt du cœur, & conſequemment de tout le corps en ce que nous appellons naturel pour le diſtinguer du volontaire.

Et de faict comme la ſource de ces deux

mouuemens ſe remarque puiſſamment dãs le cœur, & ſemble principalement dépendre de la nature des ſubſtances dont il eſt composé, puiſque ſon mouuement eſt purement naturel, il ne faut point douter que la nature n'ait employé en ſa ſtructure toute la diſpoſition de la matiere requiſe, pour l'obliger à ſe dilater & à ſe reſſerrer. Pour la contraction elle eſt facile à conceuoir en remarquant la nature de la ſubſtance du cœur, qui eſt ſolide, nerueuſe, & baſtie de la partie de la ſemence qui approchoit le plus de la ſolidité du cartilage, conſeruant neantmoins la molleſſe charneuſe & nerueuſe, qui eſtoit neceſſaire pour obeyr à la dilatation. C'eſt donc le moyen duquel la nature s'eſt ſeruie, pour obliger le cœur à ſe reſſerrer en ſoy-meſme, que de le faire naiſtre d'vne ſubſtance denſe, ſolide, & qui participe extremement de la nature ſalée, laquelle abonde plus ou moins aux parties de noſtre corps, ſelon qu'elles ſont plus ou moins ſolides. Et c'eſt cette nature de ſubſtance qui a obligé Hippocrate, au Liure des Chairs, de nous repreſenter le cœur comme la plus froide & la plus chaude de toutes les parties de noſtre corps, la plus froide, d'autant qu'il eſt de nature dense & terrestre, & fait de la partie plus gluante de la semence & la plus chaude, pource qu'il est le vray siege de la Deesse Veste, dont le feu ne se peut éteindre qu'il n'en couste la mort. En quoy il a merueilleusement bien exprimé la nature du cœur que nous pretendons faire voir icy. Car par le froid se doit entendre cette nature de la substance du cœur qui tend tousiours à se resserrer, & qui est le fondement de la contraction, de mesme que la chaleur est la premiere & principale cause de la dilatation.

C'est donc le second instrument que la nature a employé pour le mouuement du cœur que cette chaleur qui est en nous; c'est à sçauoir pour vaincre la vertu concretiue, & l'obliger à se dilater; ce qu'Hippocrate aussi recongnoît au mesme lieu, attribuant à la chaleur la dilatation du cœur & des arteres. Il y a encore vne autre cause qui sert à surmonter la vertu concretiue qui est dans la substance du cœur, pour l'obliger à se dilater, qui n'est autre que la fluidité du sang qui arrouse continuellement le cœur, & empesche non seulement la substãce du cœur de se resserrer selõ tout son pouuoir: mais encore sert à moderer la chaleur, qui autrement déſechant toute l'humidité, donneroit cauſe gangnée à la ſubſtance concretiue. Car comme nous auons fait voir ailleurs, la chaleur & l'humidité jointes enſemble ſont les deux cauſes plus puiſſantes de dilatation en toute ſorte de corps, & qui reſiſtent plus efficacement à la vertu concretiue des ſubſtances. De ſorte que ces deux diuerſes natures ſe rencontrant enſemble au commencement de la generation, & en l'homme, & en toute ſorte d'animaux : il ſe fait premierement vne petite palpitation par l'action ſucceſſiue de la matiere qui veut ſe reſſerrer, & de celle qui ſe veut dilater, tant qu'en fin s'eſtant accordez enſemble, ils vniſſent en vn meſme ſujet deux mouuemens contraires, qui ſe ſuiuent continuellement l'vn l'autre.

Et comme l'ouurage de la Nature en cette rencontre eſt d'vne des plus hautes conſequences auſquelles elle s'employe, elle ne ſe contente pas d'auoir ainſi vny deux ſubſtances contraires, pour ſeruir à ces mouuemens ſucceſſifs, elle joint encore à la faculté & inclination des ſubſtances l'induſtrie de la ſtructure qui puiſſe ſeruir à meſme fin, & c'eſt pour ce ſujet qu'il n'y a point d'animal qui n'ait vn cœur, qui est vne partie dont la structure est telle, qu'approchant de la figure ronde il peut aysement se dilater & se resserrer sans aucune des-vnion de ses parties. Et pource qu'en vn corps parfaictemẽt rond, il n'y a pas plus de raison qu'vne des parties s'approche de l'autre, que celle-cy de celle-là, ce qui pourroit sans doute causer de la confusion, & empescher le mouuement, elle a ordonné qu'vn bout fust plus petit que l'autre, comme en la figure pyramidale, afin que celuy-cy ayant moins de force, ne fist point de difficulté de s'approcher de l'autre, qui estant plus gros & plus massif, tire plus puissamment à soy, qu'il n'est tiré par l'autre. Et ne s'estant pas contentée de bastir ce viscere de deux diuerses substances, telles que nous auons décrites; l'vne propre à se resserrer, & l'autre à se dilater : elle a encore voulu qu'il y eust vne, ou plusieurs, cauitez au dedans, afin que la chaleur & le sang y estans contenus ne mãquassent point par leur boüillonnement à le dilater, quand mesme il seroit paresseux à cét office, la nature de sa substance au contraire ne l'obligeant que trop à se resserrer en soy-mesme.

Voylà donc quelle est la nature & la structure du cœur, & quels sont ses mouuemens, qui se trouuent aussi en quelque proportion en toutes les autres parties du corps, & en tout le corps, à parler generalement, comme cela se void en la pluspart des fievres dans le commencement desquelles tout le corps se resserre, & de là naist le frisson & le tremblement, de mesme qu'il se dilate dans la suite, imitant en cela l'inclination & les mouuemens du cœur. Il ne reste plus à present qu'à faire voir l'vsage du resserrement & de la dilatation du cœur, pour en faire puis apres l'application aux passions de l'ame.

Chapitre IX.

De la nature de la dilatation & resserrement du cœur, de son vsage en chaque animal, tant en santé qu'en maladie, ce qui est demonstré par l'exemple des fiévres. Le mesme est encore confirmé par l'exemple des insectes, & de la façon dont ils agissent en leurs operations.

TOVT animal est vne sorte d'estre, qui estant composé de diuerses parties,

& mesme entierement contraires, comme nous venons de monstrer, est sujet à la dissolution & à la des-vnion des mesmes parties, dont l'assemblage luy procure la vie, à raison dequoy il a besoin pour sa conseruation d'éuiter tout ce qui peut tendre à cette des-vnion. Et comme tout ce qu'il attaque pour cét effet, est contenu au dedans de ses parties, ou vient simplement du dehors, il ne se peut opposer à la premiere sorte d'attaquer qu'en chassant & repoussant au dehors la matiere qui l'incommode. Mais il se defend de celle qui vient de dehors, ou par la fuite, & en se resserrant en soy-mesme, peur de luy donner entrée, ou en la repoussant au loing, pour laquelle fin il se dilate de tout son pouuoir comme pour la chasser en dehors. Tout animal encore est vne sorte d'estre, qui ne possedant pas parfaitement en soy tout ce qui est necessaire pour sa conseruation, & pour son entretien, a besoin de rechercher hors de soy plusieurs choses necessaires à cette fin, & de leur donner entrée pour cét effet. Or c'est là ce qui se remarque, & en toutes les operations des animaux, & particulierement au cœur, lequel comme il se dilate & se resserre continuellement

tinuellement par les reſſorts que nous auons deduits, a pour but en la dilatation de receuoir quelque matiere, & en la contraction de ſe deliurer de quelque autre, & auſſi voyons nous par experience, que l'œconomie de la nature eſt telle que le cœur reçoit touſiours quelque matiere, lors qu'il ſe dilate; c'eſt à ſçauoir, vne portion du ſang contenu dans la veine caue qui entre dans le ventricule droict, & qu'il en repouſſe touſiours vne autre dehors quand il ſe reſſerre, c'eſt à ſçauoir vne partie du meſme ſang preparé dans la cauité ou ventricule gauche, qui eſt enuoyée dans la groſſe artere.

Et comme ces deux mouuemens dependent de la nature, non ſeulement il s'y occupe ſans peine, mais auſſi les meſmes nous eſtans tournez en habitude comme les poſſedans dés le moment de noſtre conformation, nous ne nous en apperceuons en aucune ſorte pendant qu'ils gardent leurs reigles naturelles & que rien d'eſtrange ne les oblige à la diminution, ou à vne plus grande violence: Mais lors qu'il arriue que l'attaque de quelque corps eſtrange, ou de quelque accident que ce puiſſe eſtre, le force à y apporter quelque changement, ſoit pour embraſſer ou pour repouſſer ce qui ſe preſente, alors ce changement nous eſt tres-ſenſible, comme apportant de l'alteration en toute l'habitude du corps : Et c'eſt ce qui ſe remarque d'ordinaire en deux occaſions, les maladies du corps, & les paſſions de l'ame.

Pour les maladies du corps, qui viennent d'ordinaire de quelque matiere, ſoit humeur ou autre choſe qui bleſſe le corps par la quantité ou la qualité, ou tous deux enſemble, il eſt certain que quelque partie qui en ſoit attaquée, elle taſche de tout ſon pouuoir de s'en deliurer, vſant pour cét effet de quelques mouuements qui reſpondent en quelque ſorte à la contraction & dilatation du cœur, & ce n'eſt ſur autre choſe que ſur cette obſeruation que les Medecins ont fondé la faculté expultrice qu'ils attribuent non ſeulement aux parties principales, & qui font quelque office commun, mais à chacune des moindres & plus ſimples parties, ce qui neantmoins ne ſe reconnoiſt qu'aſſez obſcurement en cette rencontre : Mais lors que tout le corps en eſt aſſiegé, & que le cœur a part à l'incommodité, comme en la fiévre & autres indispositions qui la font naistre, non seulement le cœur s'esforce de s'y opposer, mais aussi toutes les parties du corps concourrent à mesme fin, & taschent de la chasser dehors : & c'est pour ce sujet qu'au commencement de la fiévre, lors que l'humeur qui cause le mal vient à aborder au cœur auecque la masse du sang dans l'ordre de la circulation, le cœur qui en ressent la malignité se resserre en soy-mesme, & n'ouure ses conduits que le moins qu'il luy est possible, crainte de donner entrée à son ennemy, & de là vient que le battement du cœur & le poux des arteres est extremement petit & resserré, & de là vient le froid, le frisson, & le tremblement qui precede les fiévres ; car toutes les autres parties du corps imitans le mouuemẽt du cœur, & taschant de se resserrer en elles mesmes, crainte de receuoir en soy l'humeur vicieuse, de cette compression qui se fait de toutes parts arriuent le frisson ou le tremblement, selon que la contraction des parties est plus ou moins forte, ce qui dépend du degré d'acrimonie de l'humeur: & cela ny plus ny moins que la compression des mesmes parties causée, l'Hyuer par le froid exterieur excite en nos corps vne pareille incommodité. Et quand au froid qui accompagne la fiévre au commencement, il ne prouient d'autre chose que de la diminution du mouuement du cœur: car comme nous auons dessein de faire voir en vn Traicté expres, la chaleur actuelle qui se sent en nos corps ne prouient principalement & n'est entretenuë que par le mouuement continuël du cœur & des arteres, & par la rapidité du sang en la circulation, d'où vient que la chaleur s'augmente ou se diminuë en nous selon que ces mouuemens deuiennent plus foibles ou plus violens. Mais dans la continuation de la fiévre, comme l'humeur entre peu à peu dans le cœur, (car quelque effort qu'il fasse pour luy en empescher l'entrée, il ne peut s'empescher de se dilater tousjours vn peu pour receuoir quelque portion de sang, d'où vient que le mauuais y entre confusément auec le bon) le noble viscere voyant qu'il ne peut plus empescher l'entrée, & en sentant déja les pointes au dedans, il change de batterie, & au lieu de s'opposer dauantage à son entrée comme dans le commencement, il tasche de le chasser au dehors, & pour cét effet de lent & resserré qu'il estoit, ne craignant plus d'ouurir ſes orifices, il ſe dilate puiſſamment, & cela afin que la contraction eſgalle la dilatation, car il ſe doit touſjours rencontrer quelque proportion entre ces deux mouuemẽs, & qu'ainſi il puiſſe chaſſer de viue force l'ennemy qu'il n'a peu empeſcher de gaigner au dedans. Et de là naiſt la dilatation & la viteſſe du battement de cœur & du poux des arteres dans la chaleur de la fiévre, & meſme nous pouuons aſſeurer que l'excez de la chaleur ne prouient d'autre choſe que de la viteſſe de ce mouuement, par lequel auſſi la rapidité de la circulation du ſang eſt neceſſairement augmentée. Car ie puis aſſeurer icy, quoy que par digreſſion, que l'eſſence & la cauſe prochaine de la fiévre ne conſiſte point en la chaleur comme on enſeigne auiourd'huy aux Eſcholes, qui n'en eſt qu'vn effet, mais en l'acrimonie & malignité de l'humeur qui attaque le cœur, par laquelle il eſt obligé premierement à la contraction, comme nous auons dit, d'où ſuit le froid & le friſſon, & en ſuite à la dilatation & au mouuemẽt violent, d'où prouient la chaleur & ſouuent la ſueur. Ce que ſi quelqu'vn trouue eſtrange & m'accuſe de nouueauté, il doit ſçauoir que c'est d'Hippocrate que j'ay tiré le fondement de cette doctrine, lequel nous enseigne du livre de l'Ancienne Medecine, qu'encore que nous remarquions dans les fiévres vn excez de froid & de chaud qui s'entre-suiuent; ce n'est pourtant point là enquoy consiste la fiévre, mais en l'acrimonie de l'humeur, qui estant, ainsi qu'il parle, amere, acide ou salée, vient a irriter les parties, & notamment le cœur les oblige à l'expulsion, duquel effort le chaud, le froid, le tremblement & pareils symptomes ne sont que des suites & des accidens.

Cela se doit donc entendre par proportion de tout ce qui arriue en nostre corps par les maladies, & qui a beaucoup de raport, non seulement au flux & reflux de la mer, par lequel elle chasse hors de soy en certain nombre de jours, tous les corps étranges, de mesme que la nature de nos corps obserue aussi certain terme prefix pour se delivrer des maladies; mais aussi auec ce que nous remarquons en plusieurs reptiles & animaux imparfaits, comme les vers de terre & les sang-suës, qui n'ont quasi pour tous mouuemens de leurs corps que celuy de contraction & de dilatation qui ont du raport auec ceux du cœur, par le moyen desquels elles recherchent ce qui leur paroît vtile ou chassent au dehors ce qu'elles sentent les blesser. Car le sucement de la sang-suë n'est autre chose qu'vn effet de la dilatation. Mais qui n'a pris plaisir à luy voir dégorger le sang qu'elle a bû lors qu'on luy met du sel, ou du vin-aigre sur le corps, ou quelque autre chose acre, ne peut comprendre facilemēt ce que nous auons dit des mouuemens de dilatation, & de contraction que nous attribuons au cœur, & à tout le corps pour le deliurer des maladies: Car la sang-suë ainsi éguillonnée taschāt de chasser au loin ce qui la blesse, ou de l'éuiter par la fuite, tantôt se resserre en elle-mesme, comme pour l'éuiter, & voyant que cela luy est inutile, incōtinent apres elle se dilate, cōme pour repousser la mesme substance en dehors, & de ce resserrement & cōtraction égalle de toutes ses parties vient qu'elle regorge & iette dehors le sang qu'elle a succé; ce qui peut fournir vne puissante idée de la façon que se font en nôtre corps tous les mouuemēs que nous apellōs naturels, & qui ont du raport auec celuy de ces insectes, comme celuy du cœur dans la contraction & dilatation, celuy de l'estomach lors qu'il engloutit l'aliment, où lors qu'il le reuomit, celuy des inteſtins dans les meſmes operations,& ainſi des autres. Les vers de terre ont auſſi de pareils mouuemens, & qui a conſideré de quelle façon les limaçons & les limaces rouges retirent leur cornes & ſe reſſerrent en eux-meſmes lors qu'on les touche, ou qu'on les bleſſe & comment ils ſe r'allongẽt peu de temps apres, comprendra ayſément de quelle ſorte la nature agît en nos corps en pareilles rencontres, ſa diſpenſation étant quaſi pareille en cette rencontre aux animaux parfaits, & aux plus abjets. Et qui aura vne fois obſerué comment les cloportes, que les Latins appellẽt,*blatttæ mille pedes*,ſe retirẽt en ſoy-meſme, & ſe forment en vne boule ronde, lors qu'on les touche rudement, à fin d'éuiter le corps qui les bleſſe, n'aura point de peine à comprendre d'où viennent les auerſions que nôtre eſtomach a pour certaines choſes, & que la raiſon ne peut vaincre; car il eſt certain que reſſentant quelque choſe qui le peut bleſſer, comme certaines viandes pour leſquelles il a de l'auerſion,il ſe reſſerre à peu prés de la meſme ſorte, d'où viẽt qu'il nous eſt impoſſible durant ce temps de rien aualler, &

mesme la force de la contraction l'oblige quelquefois à vomir, & a rejetter les choses qu'il auoit prises auparauant auec volupté, comme nous disions tantôt de la sang-suë. Et c'est sans doute aussi de cette consideration qu'on doit tirer la façon des éuacuations qui arriuẽt dans les maladies, tant par la nature, que par l'industrie de l'art, le tout procedant de l'acrimonie ou du remede, ou des humeurs, qui irritans la nature l'obligent tantôt à se resserrer, & tantôt à s'élargir pour se deliurer de l'vn & de l'autre, quoy que tous ses ressorts ne nous soient pas entierement conceuables.

CHAPITRE X.

Icy est remarqué en passant vne sorte de mouuement sympathique qui est en toute matiere, quoy qu'il soit presque insensible, dont l'Autheur tire la principale cause des crises, & du nombre de iours que la nature y obserue, touchant quelque chose de l'opinion des nombres de Pytagore; & que l'Ame compatit au corps dans les maladies.

IE ne diray point icy de quelle sorte nostre cœur & nostre corps ressentent les causes des maladies, & la qualité des humeurs malignes qui ſont contenuës au dedans, puis-que le ſentiment animal qui a ſon fondement en l'Ame eſt épandu par toutes les parties au moyen des nerfs, ſeulement puis-je dire qu'outre le ſentiment qui prouient de l'Ame, il y en a encore vn autre plus obſcur à la verité, mais qui n'eſt pas de moindre conſequence, qui prouient de la force de la matiere, & qui n'a égard qu'à l'vnion de toutes les parties : de meſme que les ſubſtances les plus inſenſibles ont en elles ce deſir d'vnion, & vne auerſion pour ce qui eſt capable de les ſeparer ; car ce n'eſt d'autre choſe que prouient la fuite, ou la ſuite, & l'amour mutuel, & pareillement la concretion & reſſerrement en ſoy de certaines ſubſtances inanimées : c'eſt delà que prouient le flotement de certains corps ſur l'eau, & l'effort de la mer à chaſſer les corps étranges qui ſont contenus en ſon ſein ne ſe remarqueroit jamais, ſi elle n'auoit ce ſentiment d'vnion & d'harmonie entre toutes ſes parties que nous attribuons aux autres corps inſenſibles, & à la ſubſtance des animaux, ſans la conſiderer comme animée. Car il y a vn tel raport & vne telle harmonie entre toutes les parties de l'animal, que meſme ſans le ſentiment qui leur vient de l'ame, elles prenent vn particulier intereſt à leur vnion mutuelle, & à leur conſeruation. Et c'eſt en mon auis de cette ſympathie harmonique que dépend la vraye ſource & le fondement de toutes les criſes qui arriuent aux maladies, quoy que le ſentiment animal ny ſoit pas inutile ; & de la maniere que les meſmes parties ſ'accordent dans le mouuement qui ſuit l'auerſion qu'elles ont pour les ſubſtances étranges qui les veulent des-vnir, & qu'elles employent, tant pour ſe reünir enſemble, que pour chaſſer dehors ces meſmes corps étranges, dépendent abſolument les termes prefix que la nature employe aux meſmes criſes, & ceux qui ſe remarquent aux éuacuations periodiques des femmes & aux accouchemens, & ſ'il ſe doit adjoûter quelque foy aux changemẽs qu'on dit arriuer en nos corps dans les années qu'on nomme graduelles, ou climacteriques ; ce n'eſt point ailleurs qu'en cette meſme condition de la matiere qu'il en faut rechercher la cauſe. En quoy cela ſemble ne ſe pas mal accorder auec l'harmonie Pytagorique, dont les veſtiges nous reſtent dans les anciens Autheurs qui nous apprennent qu'il y a vne certaine concorde & harmonie entre les parties de toutes ſortes de corps, & que comme chaque corps eſt composé de certain nombre de parties, elles ſe meuuent ſucceſſiuement, & auec certaine proportion reglée dans les operations les plus imperceptibles, & du temps que chaque partie employe à ſe mouuoir ainſi inſenſiblement, & d'vne façon qui nous eſt imperceptible, dépend le nombre d'heures ou de iours, qui eſt neceſſaire auant que le corps entier produiſe le mouuement manifeſte qui en reſulte. Et ce qui m'oblige à tenir pour infaillible cette penſée du ſentiment naturel (car c'eſt le nom qui luy conuient à la diſtinction de celuy qui eſt enuoyé du cerueau par les nerfs) qui dépend ſimplement de la force de la matiere, & à qui j'attribuë de ſi merueilleux effects; c'eſt qu'outre que nous obſeruons ces meſmes mouuemens & inclinations dans les corps les plus inſenſibles, & leſquels par conſequent il n'eſt pas raiſonnable de dénier aux animaux; c'eſt que nous remarquons auſſi dans les maladies où la violence du mal, le délire, ou l'aſſoupiſſement letargique oſtent entieremẽt aux parties de noſtre corps l'vſage du ſentiment animal, elles ne ſ'employent pas neantmoins auec vne moindre inclination à dompter la violence du mal, & la malignité de l'humeur, & quoy que ce meſme ſentiment animal ſoit du tout abſent & ſans vſage, elles ne laiſſent pas apres auoir dompté l'humeur de la chaſſer dehors en temps prefix, nous rendans par ce moyen l'vſage & du ſentiment, & des autres fonctions. Et c'eſt en mõ auis de cette puiſſance de la matiere que doit eſtre entendu le nom de Nature qui eſt ſi commun dans Hippocrate, & auquel il attribuë la diſpenſation de nos corps. Mais cecy ſemble outre-paſſer les bornes de noſtre deſſein.

Ie diray donc ſeulement que noſtre Ame à raiſon de la ſocieté & du mariage contracté auec le corps, compatit à tous ces mouuemens qui arriuent aux maladies de meſme que le corps compatit aux ſiens; car de là vient dans les maladies qu'elle ſ'atriſte, qu'elle eſt agitée de crainte, & qu'elle s'emporte ayſément à la colere, de ſorte qu'encore que la raiſon nous face comprendre que nous n'auons point d'autres armes à oppoſer au mal que la patience & les remedes faits à propos, ce qui en retient plusieurs dans les bornes de la tolerance; neantmoins les mieux instruits, & les plus stoïques sont incomparablement plus sujets aux transports & aux passions de l'Ame, soit de tristesse, ou de colere, par la presence des objets qui les y peuuent émouuoir, que s'ils étoient en parfaite santé, d'autant que les moindres agitations de l'Ame qui tendent à certaines passions sont bien plustôt secondées par le mouuement dépraué du cœur qui y a déja quelque disposition qu'en ceux qui sont parfaitement dispos. Et c'est ce qu'Hippocrate mesme nous apprend au livre de l'ancienne Medecine, remarquant que la faim trop long-temps continuée, & la disette d'aliment, qui ces luy passe pour vne espece de maladie, fait que les personnes sont facilement touchés de chagrin, ou de colere, le cœur & tout le corps étant déja disposez à se plaindre des causes qui luy retardent la nourriture. Comme au contraire le corps reuenant de quelque maladie, & commençant à goûter la santé, l'Ame en reçoit vne certaine joye, à laquelle elle ne peut penser sans quelque émotion; & lors qu'vn homme sain n'a aucune disette, & a pleinement satisfait aux appetits naturels, l'Ame est entierement disposée à la joye.

CHAPITRE XI.

Où est faite application de tout ce qui a esté dit de la Structure & des mouuemens du cœur, & du consentement mutuel du Corps & de l'Ame, à ce qui arriue dans les paßions. De quelle sorte elles sont communiquées de l'Ame au Corps; & ce qui resulte de la compaßion du cœur auec l'Ame. Qu'il est impoßible de rendre la cause des changemens qui arriuent sur le visage, & en tout le corps dans les Paßions, sans entendre la circulation, & le tournoyement du sang obserué par Harueus.

MAIS il reste à present à voir cõment la chose se passe dans les passions de l'Ame, qui arriuent ordinairement sans que le cœur ny le corps soient obligez de s'émouuoir pour autre consideration que celle de leur sympathie, & de leur vnion auec l'Ame, ce qui est aysé à conceuoir si nous remarquons ce qui a esté dit cy-deuant, que l'Ame à raison de son étroite vnion auec le Corps, ayant de l'auersion pour toutes les choses qui sont capables de les separer, ou de les endommager,

& de l'amour du desir & de la joye pour celles qui peuuent estre vtiles à leur entretien & conseruation, elle ressent en soymesme de certains mouuemens qui tendent à la fuite, ou à l'embrassement, & qui nous sont inexprimables autrement que par l'experience que chacun de nous en a, ressentant les mouuemens en soy-mesme, & ausquels le cœur compatissant tres-étroitement, aussi-tost qu'il a ressenty par le mouuement de l'Ame que la chose qui se presente est à fuir, à suiure, ou à repousser, aussi-tost il augmente ou diminuë l'vn ou l'autre de ces mouuemens, se dilatant ou resserrant plus qu'à l'ordinaire, qui est le seul moyen, comme nous auons dit, que la nature luy fournisse d'embrasser, de fuir, ou de repousser les objets externes.

Ainsi, si la chose nous surprenant, l'Ame en a quelque apprehension, aussi-tost le cœur se resserre comme pour empescher que rien de dehors n'entre en soy. Car encore que l'action du cœur en la plus-part des rencontres soit du tout inutile, sa contraction, ny sa dilatation n'étant point capable de repousser ce qui nous menasse au dehors, ou d'embrasser ce qu'il faut suiure; neantmoins comme ce sont les seules facultez

cultez & les ſeules armes dõt la nature l'ait doüé pour ſe defendre ſoy-meſme, lors qu'il eſt attaqué par les objets de dehors, ou pour embraſſer les choſes qui luy ſont vtiles, il ne peut pas ſympatiſer aux mouuemens de l'Ame, ny luy témoigner la deference qu'il a pour ſes inclinations, ny les ſeconder autrement que par les meſmes inſtrumens & facultez, dont il s'en ſert pour ſoy-meſme; car comme il ne raiſonne point, & que ſon mouuement eſt purement naturel, il ne peut pas juger ſi les operations ſeront vtiles ou des-auantageuſes aux intentions de l'Ame, mais ſeulement voyant que l'Ame tend à la fuite, il imite auſſi en ſa conſideration les meſmes mouuemens dont il ſe ſert lors qu'il eſt contraint d'éuiter quelque ſubſtance nuiſible; & au contraire ſe dilate de meſme ſorte pour imiter les mouuemens de l'Ame, dans le deſir & dans la joye, qu'il a coûtume de faire, lors que quelque matiere vtile luy eſt preſentée, & laquelle il s'efforce d'embraſſer.

Et pour mieux conceuoir encore la raiſon de cette ſympathie, comme nous demeurons d'accord auec tous les anciens, & la plus-part des modernes touchant les principales facultez de l'Ame, mais sur tout la raisonnable & l'irascible : il faut sçauoir que la premiere ayant son siege au cerueau comme nous auons dit; c'est là où elle reçoit les especes des objets, & qu'en faisant vn jugement conuenable, elle les trouue aymables ou pernicieux, mais de là naît en elle le mouuement d'auersion ou d'amour, dont nous auons parlé; qu'elle ressent seulement dans le cœur, comme le vray siege où nôtre Ame est capable de ces mouuemens, de mesme qu'au cerueau elle ne peut faire autre chose que receuoir les images des choses qui sont entrées par les sens exterieurs, les comparer ensemble, en donner jugement & départir en tous les membres les ordres du mouuement volontaire. Et ces mouuemens que l'Ame reçoit dans le cœur, qui sont differens selon la diuersité de ce qui se presente, & lesquels sont entierement inexprimables, ne sont autre chose à proprement parler que ce qui merite le nom de Passions de l'Ame : le mouuement du cœur & des arteres, le boüillonnement du sang & des autres suites dont nous ferons tantôt mention, n'en étant que des effets, & non point de l'essence, quoy que comme corporels & ſenſibles ils ſe facent mieux apperceuoir, tant dedans que dehors. Ce qui fait meſme que perſonne n'ayant fait juſques icy cette diſtinction, toute la doctrine des Paſſions, telle que l'on l'enſeigne aujourd'huy ne conſiſte qu'aux preceptes pour le reglement moral, ou à la deſcription des caracteres de chacune Paſſion; c'eſt à dire des changemens & des alterations qu'elles cauſent au cœur & en tout le corps. Leſquelles à la verité procedent bien de la Paſſion, ou mouuemens internes de l'Ame; mais ſeulement comme des ſuites éloignées, & qui ne prouiennent que de la ſympatie & conſentement de la partie corporelle de nôtre eſtre auec la ſpirituelle. Et cependant, il eſt neceſſaire de connoître l'vn & l'autre exactement, à fin de comprendre les cauſes du déreglement qui arriue au cerueau en chaque Paſſion, qui ne prouient d'ailleurs que de la partie corporelle; c'eſt à dire du mouuement depraué du cœur, des arteres & de la maſſe du ſang, & conſequemment des eſprits. Car comme nous auons dit la faculté animale & raiſonnable a beſoin du miniſtere des eſprits, pour apperceuoir les images des objets, ſoit preſens ou abſens ; & pour cét effet il eſt beſoin que les eſprits qui ſont au cerueau ſoient portez auec vn certain ordre, & vne moderation conuenable; mais pource que les eſprits prouiennent du ſang, n'en eſtant qu'vne attenuation, & ſont portez dans le cerueau par des vaiſſeaux qui ont de l'attachement aux veines & aux arteres, comme cela ſe voit aux lacis & entortillements de vaiſſeaux qui ſe nomment, *plexus choroides & retiformis*, ou ſe fait la diſpenſation des æſprits animaux, il ne ſe peut faire que l'ordre naturel, conuenable & reglé du mouuement de çes eſprits ne ſoit troublé par le déreglement qui arriue au cœur en chaque Paſſion : Car comme ſçauent aſſez ceux qui ont compris l'admirable obſeruation du fameux Haruæus touchant la Circulation où le tournoyement du ſang des arteres dans les veines, & des veines dans les arteres par l'entremiſe du cœur, le ſang eſt porté en toutes les parties du corps par le mouuement du cœur, qui en ſe reſſerrant en chaque contraction pouſſe vne certaine quantité de ſang dans l'aorte ou groſſe artere, qui paſſant pareillement vers les extremitez le ſang qui y eſt déja contenu, fait qu'à chaque battement vne portion de la masse du sang est enuoyée par toutes les arteres en toutes les extremitez du corps ; & ce n'est point par autre moyē que le sāg qui sert à la generatiō des esprits animaux est porté au cerueau, d'où vient que comme le sang est porté auec plus de vitesse, ou plus de lenteur, selon que les mouuemens du cœur sont plus ou moins violens, aussi les esprits à raison de la continuation de leurs vaisseaux auec les arteres ; se ressentans pareillement de la dépravation qui arriue en ce mouuement sont portez par le cerueau auec plus de vitesse ou de moderation, selon que celuy du cœur est reglé ou desordonné, & de là prouient la confusion & le desordre fait au raport des images, qu'au jugement que l'Ame en fait dans toutes les Passions, & mesme dans les maladies où le mouuement du cœur, du sang & des esprits vient aussi à estre troublé.

Voicy donc en peu de paroles tout l'ordre qui est obserué en ce déportement de l'Ame. Premierement la faculté animale apperçoit les objets, & les juges bons ou contraires à l'vnion qu'elle a auec le corps, ou si vous voulez les considerer comme bons ou nuisibles, de ce jugement naît incontinent en la faculté irascible qui est au cœur, le mouuement d'auersion ou de suite : lequel imprimant au cœur le mouuement fait qu'il se serre ou se dilate plus qu'à l'ordinaire, d'où vient aussi que le mouuement des arteres & de la poitrine en est changé ; celuy-là, pource que les arteres imitent parfaitement le mouuement du cœur, & celuy-cy, d'autant que la poitrine se dilatant plus ou moins, selon que la chaleur qui est au dedans requiert plus ou moins de rafraichissement, il se trouue quasi en chaque passion que cette necessité augmente ou diminuë selon que le sang vient à regorger autour des poulmons, ou à s'en éloigner. Mais sur tout le mouuement circulaire du sang change entiérement de regle pendant cette déprauation : d'où vient consequemment que les esprits animaux sont portez çà & là confusément & sans ordre par le cerueau, qui fait que la faculté raisonnable ne s'en peut pas seruir comme auparauant pour le raisonnemẽt, d'autant qu'ils ne luy representent que des images confuses, tant qu'en fin le cœur vienne à se rassoir, & que le sang & les esprits reprennent leur cours ordinaire. Et neantmoins ce qui est remarquable en ce desordre des esprits; c'est que comme ils sont poussez confusément par l'operation du cœur, lequel de son côté tâche d'imiter l'émotion & l'inclination de l'Ame, comme s'ils en auoient receu vn commandement particulier, ils sont portez, ou au moins ils s'arrestent particulierement sur toutes les images des choses peintes en nôtre cerueau qui peuuent seruir d'instrument à accomplir le desir de l'Ame. Ainsi dans la crainte ils nous representẽt en vn momẽt tous les moyens de nous deliurer de ce qui nous menace, soit en nous sauuant & gangnant à la fuite, soit en nous cachant, ou vsant de telle autre adresse, selon la circonstance de la chose qu'il faut éuiter. Dans la colere au contraire, les mesmes esprits nous montrent comme en vn instant les instrumens qui peuuent seruir à la vangeance, & a repousser ce qui nous attaque, d'où vient que nous en venons incontinant à l'execution, ou que nous poussons soudain sur le châp plusieurs menasses reïterées, faisant voir au moins auec la langue les instrumens, & les moyens que nous auons pour repousser l'injure qu'on nous veut faire, quoy que la turbulence des esprits en telle rencontre empéchant la liberté du raiſonnement ſolide, nous face ſouuent proferer des choſes aſſez mal digerées, ſelon que les images ſ'en preſentent à nous, & dont ſouuent nous auons apres tout ſujet de nous repentir, lors que la raiſon nous fait juger que nous auons paſſé ſes bornes. Ce qui ſe remarque tres-particulierement en toute ſorte de Paſſions vn peu violentes.

C'eſt d'icy auſſi que dépend l'éclairciſſement de la diuiſion & du contraſte que ceux qui ont écrit des Paſſions remarquẽt entre la faculté raiſonnable de nôtre Ame, & celle que nous appelons iraſcible. Car l'Ame raiſonnable entant que telle ne ſe peut empécher de juger des choſes ſelon qu'elle les trouue conformes, ou éloignées à ce qui eſt du droit & de la bienſeance, ſans auoir égard à qui elles ſ'adreſſent: mais la faculté iraſcible eſt celle qui conſiderant les choſes particulierement, comme ſ'adreſſant à nous, & tournant à nôtre vtilité ou dommage, les juge bonnes ou mauuaiſes, ſelon qu'elles luy ſont vtiles ou pernicieuſes, & laquelle ne peut non plus s'empécher d'auoir de la paſſion pour les vnes que pour les autres, l'eſſence de sa nature la portant necessairement à ressentir en elle-mesme le mouuement d'auersion ou d'amour que nous luy attribuons comme inseparable, pour les choses qui luy paroissent bonnes ou mauuaises. De sorte que comme ce n'est pas celle-cy qui a le don de raison aussi-tôt que la faculté raisonnable luy represente quelque chose comme bon ou mauuais, elle est incontinent émeuë selon la nature de la chose, & oblige le cœur & le corps autant que faire se peut à pareil mouuement, sans attendre que la raison examine l'affaire de plus prés, qui souuent juge en suite de peu de consequence, lors qu'elle a tout examiné ce qui luy auoit paru considerable. Mais comme la faculté irascible est plus prompte en son action que la raisonnable qui a besoin d'vn temps considerable pour repasser dessus les images des choses qui se presentent, & en examiner la nature, il arriue que la passion est déja émeuë, & a fait mouuoir tous les ressors de nôtre corps, deuant que la raison ait commencé son office, qui vient aussi-tôt à estre interrompu par le mouuement confus des esprits que nous auons dit arriuer en chaque passion. Et delà vient que la raison;

c'est à dire l'Ame ayant tout consideré, elle se blâme soy-mesme d'auoir si promptement pris l'alarme, & ce qui est de merueilleux, c'est que reconnoissant son tort pendant que la passion dure encore, elle ne peut neantmoins arrester si promptement le mouuement qui est imprimé en la faculté irascible, d'autant que cette derniere à déja émeu tous les ressors de nôtre corps, auec lesquels elle a vne sympathie mutuelle, de sorte que son mouuement est ensuite entretenu par le leur, de mesme que celuy du corps a esté émeu par elle. Et mesme ce que nous auons dit que le mouuement du cœur & des esprits imitent de tout leur pouuoir celuy de la faculté irascible, & que les esprits sont portez où s'arrestent principalement sur les images des choses qui peuuent seruir à l'Ame en telle ou telle passion, soit pour se vanger, soit pour obtenir ce qu'elle desire, fait que ses images se presentant pesle mesle à nôtre Ame, elle est fort long-tẽps, sans pouuoir raisonner comme il appartient, estant troublée par la representation de ces images.

Par où il est aysé à voir que les Passions sont des mouuemens aussi naturels à l'Ame jointe au Corps que la raison mesme, quoy qu'ils soient souuent vicieux, & qu'ils doiuent en vne personne bien reglée se ranger aux loix de la raison, qui peut par l'habitude s'acquerir sur eux vn souuerain empire, à la reserue du premier abort des objets qui nous surprenant auant que nous ayons aucun loisir de raisonner, est en mon auis indomptable par la Philosophie mesme la plus stoïque ; & aussi la Philosophie Chrêtienne nous apprend que la plus-part des Passions peuuent estre innocentes jusques à vn certain degré & pour certains sujets, comme estans hors du pouuoir de la raison, ou mesme s'acordãs auec elle, quoy que neantmoins, s'il est permis à vn Medecin de s'ingerer aux mysteres de la Theologie, j'estime qu'vn des principaux changemẽs qui soit arriué en l'homme par le peché consiste en ce que la partie raisonnable de nôtre Ame est décheuë de l'empire absolu qu'elle auoit sur la faculté irascible qui a le gouuernement de toutes les conuoitises de nôtre corps, & qui n'est sans doute autre chose que ce qui est entendu dans les Livres sacrez par le mot de chair & de partie charnelle en l'homme ; & ce que sainct Paul disoit reffentir en fes membres comme vne loy qui s'oppofoit à la raifon, & à la volonté Diuine.

Il ne nous refte maintenant qu'à expliquer la caufe des changemens & des fymptomes qui fe remarquent en nôtre corps en chaque paffion, dont la plus-part paroiffent au dehors, & principalement fur le vifage, lequel pour cette caufe on appelle ordinairement le miroir de l'Ame, & lefquels changemens paffent pour les caracteres & les marques exterieures des paffions. Où il eft befoin d'auertir d'abord que comme ces alterations ne paroiffent fur nôtre corps qu'à raifon des mouuemens du cœur qui changent en chaque paffion, & qui diftribuë le fang & les efprits diuerfement par tout le corps, felon que fes mouuemens de dilatation & contraction font differens en violence ou foibleffe, en frequence ou tardiueté, en ordre ou en defordre, & qu'ils s'accordent ou fe furmontent l'vn l'autre. Ce qui dépendant entiérement de la doctrine de la circulation du fang, qui eft l'obferuation de toute la Medecine la plus certaine & la plus nouuelle: Ie ne doute point que ceux qui l'ont étudiée ne tombent d'accord auec moy, & ne s'efforcent encore d'auantage de polir cette pensée ; & pour ceux qui ne lasçauẽt pas, je les supplie de s'en informer auãt que de dõner aucun jugemẽt, ny se dégoûter de ce que nous auõs à dire. Ceux à qui la langue Latine est connuë, pouuant voir pour cét effet l'obseruation du premier inuenteur qui est le sieur Haruæus, en la langue qu'il l'a écrite, & les lettres de Monsieur Valæus qu'on peut dire qui l'a secondé en cette remarque, & dont mon cher Du Prat a donné au public la traduction Françoise, auec l'Anatomie du sieur Bartholin, pour ne laisser pas nôtre pays dépourueu d'vne si belle, & si necessaire connoissance : Quoy que mon sentiment ne s'accorde pas entierement à celuy du sieur Haruæus, puis qu'il ne donne au cœur pour sa vraye operation que la faculté de se resserrer, & que je luy attribuë également la dilatation, qu'il veut que le cœur ne se dilate à la maniere d'vn balon, que pource qu'il s'emplit ; & que j'estime que comme vn soufflet, il reçoit de la matiere selon qu'il se dilate ; ce qni n'empesche point neantmoins que le tournoyement du sang ne subsiste également en l'vne & l'autre. Si Aristote eût eu connoissance de la circulatiõ du sang, lors qu'il a traicté des caracteres de chaque passion, & des alterations qu'elles apportent sur nôtre corps, il n'auroit pas si justement encouru la reprimande d'Aulugelle, qui luy reproche que pour solution de cette question: pourquoy on rougit en la honte, & pallit en la crainte, n'en donne autre raison, sinon qu'en la crainte le sang se retire au dedans, & qu'il s'épand au dehors quand on est touché de honte; car comme il a tres-bien remarqué, ce n'estoit pas assez de dire que le sang se retire au dedans ou s'épand au dehors, qui est, ce dont personne ne doute: mais il deuoit montrer qu'elle est la cause de ce mouuement de sang; & c'est ce que nous apprenons de la doctrine de la circulation.

CHAPITRE XII.

DE LA CRAINTE.

ET pour commencer par la Crainte, il est certain que c'est la Passion qui est la plus naturelle, & à l'homme, & à tous les autres animaux, & qui se remarque en toute ſorte de ſurpriſe des objets exterieurs que nous n'auons pas eu le loiſir de conſiderer: d'autant que l'Ame ayant pour but la conſeruation de ſon eſtre, ne voit rien qui luy puiſſe nuire, dont elle ne ſe recule de tout ſon pouuoir, à moins que la raiſon luy ait fait juger que l'objet qui ſe preſente incapable de nuire, ou qu'elle peut repouſſer à force ouuerte ce qui l'attaque, auquel cas la crainte ſe tourne en colere. Or ce mouuement qu'elle fait en ſoy-meſme pour ſe reculer des objets, n'eſt autre que ce que nous nommons la Crainte, qui eſt ſuiuy tout auſſi-tôt de la contraction extraordinaire du cœur, par laquelle il taſche auſſi de ſe retirer en ſoy-meſme, comme pour éuiter les objets exterieurs, de l'attaque deſquels l'Ame l'auertit qu'il eſt menacé; & d'autant que le ſang eſt continuellement porté des extremitez du corps par les veines, vers le cœur, & qu'il ne retourne du cœur vers les extremitez, qu'ayant premierement trouué l'entrée de ce viſcere ouuerte en la dilatation; & eſtant repouſſé par le meſme dans les arteres en la contraction, de là vient que le cœur eſtant extraordinairement reſſerré, & ne permettant point l'entrée au ſang qui ruiſſelle des veines vers luy, tout le ſang des extremitez ſe porte au dedans à ſon ordinaire par le moyen des veines : mais ne pouuant eſtre renuoyé vers les meſmes extremitez, à cauſe que le cœur reſſerre le paſſage, de là ſuit neceſſairement, que le viſage & les extremitez eſtans deſtituées de ſang sont ternis d'vne extreſme palleur. Par où il eſt ayſé à voir que le mouuement du ſang des extrémitez vers le cœur n'eſt point vne ſuite de la Crainte, comme on a penſé juſques icy, puis-que ce retour ſe fait continuellement dans les perſonnes plus tranquilles, mais ſeulement la Crainte fait que le cœur eſtant trop ſerré le ſang ne trouue point paſſage pour retourner aux extremitez : Car c'eſt vn axiome de la doctrine de la circulation que le ſang n'eſt porté vers les extremitez que par les arteres ; & ce par le moyen du cœur qui l'y pouſſe, lors qu'il ſe reſſerre, l'ayant premiérement receu en ſa dilatation, & qu'au contraire le ſang n'eſt porté de dehors en dedans que par le moyen des veines.

Ie ſçay bien qu'on me peut faire icy cette objection ; comme le ſang ne coule dans les veines vers le cœur, qu'à cauſe qu'il qu'il y eſt pouſſé ſucceſſiuement par celuy qui vient des extremitez, & que celuy des extremitez n'eſt pouſſé que par le ſang qui vient des arteres, d'où vient qu'en la crainte le ſang continuë à courir dans les veines des extremitez au dedans, puiſque le cœur à cauſe de ſa contraction extraordinaire n'en receuant que peu ou point, n'en pouſſe pas aſſez dans les arteres pour venir iuſques aux extremitez & chaſſer deuant ſoy comme à l'ordinaire celuy qui eſt dans les veines. Mais à cela la reſponſe eſt facile: ſçauoir que le mouuement de dehors en dedans eſtant deſia imprimé à la maſſe du ſang qui eſt dans les veines, il ne laiſſe pas de continuer ſa courſe vers le cœur en vertu de cette impreſſion, quoy que le ſang venu des arteres ceſſe de le pouſſer par derriere, de meſme qu'vn bateau à qui le vent a donné la ſecouſſe, ne laiſſe pas de pourſuiure quelque temps ſon chemin, quoy que le vent vienne à ceſſer tout à coup. Et de cela encore qu'en la crainte le ſang eſt porté vers le cœur, mais ne trouue point de paſſage pour s'y inſinuer, & de là retourner aux arteres, ſuit manifeſtement que le ſang s'amaſſe en quantité dans la veine caue à la baſe du cœur & aux autres parties de la poictrine, d'où vient qu'en la crainte & en la tristesse qui ont beaucoup de rapport, nous nous sentons le cœur pressé, & la poictrine oppressée, l'affluence du sang faisant vne notable distention à toutes ces parties, ce qui change pareillement l'ordre de la respiration, aussi bien que celuy du mouuement du cœur.

De ce mesme retirement du sang en dedans dépend à mon aduis le tremblement ordinaire, & la crainte, dautant que par ce moyen le mouuement du sang vers le cerueau qui est la matiere & le ressort qui fait mouuoir les esprits animaux, estant supprimé ou retardé, les muscles ne reçoiuent pas vne suffisante quantité d'esprits pour mouuoir le corps au gré de la volonté, & le tremblement, comme chacun sçait, n'est qu'vne impuissance de mouuoir les membres à sa volonté, causée d'ordinaire par le manque d'esprits, ou la foiblesse des parties. On peut aussi apporter à ce sang la cause du Tremblement qui a esté cy-dessus mentionnée, sçauoir le retirement inégal de toutes les parties du corps, & de chacune en soy-mesme, qui arriue en la crainte & semblables passions, aussi bien que cela ſe remarque au cœur, car de là naiſt vne ſecouſſe en tout le corps qui n'eſt autre que le tremblement, & c'eſt de là particulierement que nous auons fait naiſtre celuy qui ſuruient aux fiévres.

CHAPITRE XIII.

De la Triſteſſe, de la Haine, & de la Honte.

LA Triſteſſe, la Honte & la Haine, ſont des paſſions qui ont quelque affinité auec la Crainte, & qui dépendent des mouuemens de l'ame, aſſez approchãs de celuy qui la cauſe, quoy qu'il y ait neãtmoins vne difference notable. En quoy il faut remarquer que le cœur n'exprime pas ſi naifuement tous les mouuemens de l'ame, qu'ils ſoient aiſez à reconnoiſtre au dehors, n'y ayant ſouuent que celuy qui les reſſent en ſoy qui en puiſſe donner des teſmoignages certains. Ce qui vient de ce que noſtre ame eſt capable d'vne infinité de mouuemens ſelon que de nouuelles paſſions l'aſſaillent, quoy qu'elles tiẽnent toutes, comme nous auons dit, de la crainte, du deſir, ou de la colere, diuersement meslées ensemble, mais nostre cœur n'a que deux mouuemens celuy de contraction & celuy de dilatation, par lequel il sympathise à nostre ame, d'où vient qu'il n'y a que la crainte, la ioye, ou la colere pure qu'il exprime naïuement, car quelque effort qu'il fasse en celles qui sont meslées, il n'en peut iamais donner vne idée parfaite par le mouuement du poux. Et voicy de quelle façon nostre cœur s'exprime en ces mouuemens qui approchent de la crainte, la tristesse estant vne connoissance de quelque chose nuisible dont la duree nous dõne le temps de considerer les causes, nostre ame & nostre cœur ont bien les mesmes sentimens qu'en la crainte, mais qui sont accompagnez de mouuemens plus lents, comme ils ont aussi plus de durée. Nostre cœur se resserre donc, & bouche ses orifices, aussi bien en la tristesse qu'en la crainte, mais neantmoins plus foiblement, & de là vient que le poux est lent & petit, & que le sang s'amassant beaucoup plus abondamment autour du cœur dans les veines qu'il n'est renuoyé par les arteres vers les extremitez, que nous nous sentons le cœur serré, & toute la poictrine oppressée pendant que la tristesse dure, mais sur tout lors que la presence de certains objets ou de certaines pensées viennent à la réveiller, & comme la tristesse succede souuent aux choses que nous auons craint, il semble qu'elle ne soit qu'vne crainte passée en habitude, ou plustost la consommation de crainte, ou si vous voulez, le sentimen. douloureux qui resulte de la chose qu'on a craint, lors qu'elle à obtenu son accomplissemẽt, de mesme que l'auersion que nous auons pour l'objet qui en est la cause, que nous auons dit estre le fondemẽt de la crainte, se tourne proprement en haine, qui n'est qu'vne auersion habituelle pour certaines choses nuisibles, d'où vient qu'approchant de la crainte & de la tristesse, elle imprime en nostre cœur des mouuemens qui n'en sont pas fort esloignez, & qui ne peuuent que difficilement en estre distinguez, sinon en ce que ceux de la crainte estans plus violens, impriment sur nostre visage les traits dont nous l'auons dépeinte, sçauoir la maigreur & la pasleur, qui ne se voyent ny en la tristesse, ny en la haine, sinon par la suitte du temps, toute l'habitude du corps, compatissant finalement à nostre ame.

La Honte quoy qu'elle produise des effets plus sensibles, a neantmoins ie ne sçay quoy de plus caché, & dont il est difficile d'assigner la vraye cause. Ie croy neantmoins que quelle qu'en puisse estre la cause, c'est tousiours vne espece de crainte qui regarde dauantage l'esprit que le corps, & qui prouient du sçauoir mélé d'ignorance, du sçauoir en ce que nous connoissons le merite de certaines personnes au dessus du nostre, & le respect qui est deu à ceux qui possedent telles ou telles qualitez, & de l'ignorance, tant en ce que nous ne sçauons pas iusques à quel point s'estend leur merite au dessus du nostre, qu'en ce que nous apprehendons en eux vne chose qui est d'ordinaire innocente, comme leur abord, leur regard, & leur blasme. La honte se définit communément la crainte d'vne iuste reprehension, qui exprime fort bien en peu de paroles ce que nous en venons de dire, puisque nous n'apprehendons l'abord de certaines personnes qu'à cause que leur presence nous fait souuenir de certains defauts, lesquels nous craignons qu'ils viennent à apperçeuoir en nous, ou à blasmer, & ceux qui ont vn humble sentimẽt d'euxmesmes, rougissent lors que des personnes qu'ils connoissent pour tres-sinceres, leur donnent quelque loüange, d'autant que ne croyant pas les meriter, ils craignent qu'elles ne soient au dessus d'eux, & que ce ne soit plustost vne explication de ce qu'ils deuroient estre, que de ce qu'ils sont en effet; par où il paroist que cette passion ne peut appartenir qu'à l'ame raisonnable, & dont les autres animaux ne sont aucunement touchez, non plus que les enfans lors qu'ils n'ont aucun vsage de raison. Qu'elle n'est ordinaire qu'à ceux qui ont vn humble sentiment d'eux-mesmes, c'est pourquoy elle est familiere aux ames bien nées, & ne loge point en vn cœur orgueilleux, quoy que ce soit aussi le supplice des personnes criminelles, & de ceux dont la conscience estant entachée de quelque faute que ce soit, se laisse aisément trahir par la naïfueté de cette passion, dans la crainte qu'ils ont que le mal dont ils se sentẽt coupables ne viẽne à la connoissance d'autruy, & de là vient encore que nous rougissons de honte deuant ceux que nous croyons au dessus de nous, ou faisons rougir ceux qui sont au dessous. Elle prouient aussi de l'ignorance, tant de nostre merite, que de celuy des persõnes auec qui nous agissons, d'où vient qu'vn homme de merite & de sçauoir est quelquesfois touché de cette passion à la presence d'vne personne bien au dessous de luy : & c'est aussi pourquoy les ieunes gens, & particulierement les filles, qui ont peu d'experience des choses du monde, y sont le plus sujets, & que cette passion se corrige auec l'aage plus qu'aucune des autres. Il y a encore vne raison de ce changement par l'aage, qui est que cette passion ne peint la rougeur sur nostre visage qu'à cause de la subtilité du sang, comme nous dirons tantost, laquelle subtilité se rencontre familierement aux ieunes gens, & sur tout en ceux qui commencent à estre touchez de l'aiguillon d'amour, d'autant que la chaleur estant vigoureuse en eux, & le sang estant chaud, boüillonnant & mobile, il se porte bien plus facilement aux extremitez du corps, & sur tout au visage, ce qui change entierement par l'aage, & par l'vsage de Venus, qui rallentit ce boüillonnement du sang, & épuise ce qu'il y a de plus subtil en nous. On me dira peut-estre que ces circonstances témoignent à la verité qu'en cét estat la honte se peint plus difficilement sur nostre visage, mais non pas qu'on soit moins touché de l'émotion de l'ame qui se nomme proprement honte, sur quoy ie veux faire vne remarque dont l'experience m'a souuent fait prendre en haine & la vie & moy mesme, c'est que ceux qui sont sujets à rougir de honte, ont plus de honte de cette rougeur que de la premiere cause qui l'a produitte en eux : d'où vient qu'vne personne qui s'apperçoit qu'elle rougit, est touchée d'vne nouuelle honte de sa rougeur, ce qui l'augmente encor au double, & la pluspart ne rougissent souuent que de la crainte qu'ils ont de rougir. Il y a encore vne chose particuliere en cette passion qui ne se remarque pas si estroittement aux autres (car il m'est permis de parler icy sans honte de la croix de mes ieunes ans) qui est la sympathie entre deux personnes sujettes à rougir de honte, dont l'vne peut difficilement rougir, que l'autre ne soit aussi-tost touchée de la mesme émotion, quoy qu'elle n'en ressente aucune cause en soy, ce qui ne vient que de la crainte de tomber dans le mesme defaut que nous apperceuons en autruy, & auquel nous sçauons que nous sommes sujets.

Mais c'est assez parler de sa nature & de ses effets, il est temps de dire quelque chose de la cause de cette rougeur, dont il faut rechercher la source dans le cœur, aussi bię que des accidens qui suiuent les autres passions.

Nous auons dit que la crainte rend le visage pasle, maigre & deffait, pource que le cœur se resserrant puissamment en soy, comme pour éuiter ce dont il est menacé au dehors, bouche tellement les ouuertures qu'il ne peut entrer de sang dans le ventricule droit, ny par consequent estre repoussé du gauche par les arteres vers les extremitez du corps, d'où il s'estoit rendu au cœur, mais dans la honte qui est vne espece de crainte moins violente, le cœur ne se resserre pas si fort, d'où vient qu'il y entre tousiours quelque quantité considerable de sang, quoy que moindre qu'à l'ordinaire, laquelle dans la contraction est dardée auec vne impetuosité extraordinaire iusques à la superficie du corps, qui fait que le plus subtil se portant iusques à la peau, la couure d'vne couleur vermeille, & qui se dissippe aussi aisément, & il ne faut point douter qu'vne chose n'ayde encore beaucoup à cela, c'est que le cœur se resserrant en cette passion plus qu'à l'ordinaire, il n'y a que la partie plus subtile du sang qui puisse y entrer, laquelle est poussée en suitte auec d'autant plus de vistesse vers la superficie du corps. Et ce que l'on rougit d'ordinaire au visage plustost qu'en aucune autre partie, prouient du nombre des arteres qui sont enuoyées vers la teste & qui s'vnissent en cette partie, & de là vient aussi que plusieurs ressenrent la rougeur en toute la teste, au col, & par toute la poitrine : Ioint à cela que la delicatesse de la peau en cette partie permet facilement à la portion plus subtile du sang de s'épandre de toutes parts.

Il y a encore vne chose en cette passion qui tesmoigne sa correspondance auecque la Crainte, qui est que l'homme touché de honte, ne se peut resoudre à leuer la teste, & tasche quasi de la cacher comme en sa poitrine, qui fait voir qu'en cette passion, comme en toutes les autres, tout le corps compastit aux inclinations du cœur, taschant en quelque sorte de se retirer & se cacher en soy-mesme, à l'imitation du cœur.

CHAPITRE XIV.

De la Colere, où est touché quelque chose de la nature de la rage.

IL est aisé à juger, par ce que nous auons dit cy-dessus, que la crainte, la tristesse & la colere ont à peu prés vn mesme objet & vne mesme fin, sçauoir quelque chose de nuisible que nôtre Ame & nôtre corps tâche d'éuiter ; mais dans la crainte elle tâche de s'en deliurer par la fuite ; au lieu qu'en la colere, elle a pour but de repousser son ennemy à viue force ; enquoy il ne faut point douter que le mouuement de l'Ame n'ait en soy quelque chose de bien expressif : mais le cœur comme il n'a de propre que les deux mouuemens alternatifs que nous auons fait voir, il ne peut compatir à l'Ame qu'en reglant l'vn & l'autre, en sorte qu'il approche du sien. En la Crainte, l'Ame fait vn mouuement de retirement : lequel nôtre cœur imite en se resserrant de tout son pouuoir ; mais au contraire, dans la colere l'Ame se reconnoissant au dessus de ce qui l'attaque, fait vn mouuement, par lequel elle s'efforce de sortir comme hors de soy-mesme, pour repousser au loin ce qui l'attaque au dehors, & pour mesme raison le cœur se dilatant de toute sa force, laisse à peine aucun temps pour la contraction, d'où vient qu'en cette passion, aussi bien qu'en la crainte, le sang ne peut estre porté du cœur vers les extremitez, & que la face deuient pâle en l'vne & en l'autre, quoy que pour deux raisons entierement differentes. Le sang, comme nous auons dit, se porte continuellement des extremitez vers le cœur, par le moyen des veines, & n'y peut estre repoussé que par les arteres, moyennant l'action du cœur. Mais dans la crainte, le cœur ne le peut repousser, bien que cela dépende de la contraction, puis-que se resserrant exactement, il empesche que rien n'y entre; & au contraire, dans la colere il ne peut non plus repousser le sang vers les extremitez, quoy qu'il le reçoiue en abondance: d'autant qu'il ne s'occupe qu'à la dilatation; & que cependant c'est le resserrement qui est necessaire pour ce retour vers les extremitez.

Ce qui se doit neantmoins entendre du premier abord de la colere, où la face blemit de mesme qu'en la crainte ; Car dans la suite le cœur ne pouuant pas demeurer sans contraction, & d'ailleurs cette fougue excessiue ne venant vn peu à se rallentir, le visage deuient d'autant plus rouge & enflammé qu'il estoit auparauant pâle, ce qui n'est pas difficile à comprendre, puis-que le sang estant tout amassé au cœur des le commencement, à la moindre contraction il le fait rejallir impetueusement vers les extremitez ; & c'est ce qui se remarque aussi dans la continuation de la crainte, mais pour vne cause opposée, qui est que le sang estant pareillement amassé prés du cœur par sa trop grande contraction, aussi-tôt qu'elle se rallentit, & que le sang vient à entrer à l'ayse dans les ventricules, il le pousse tout aussi-tôt vers les extremitez, auec vne impetuosité d'autant plus grande que la contraction est encore plus forte qu'elle ne doit estre, & auec d'autant plus de facilité que le sang entre en abondance dans le cœur. Il n'y a point de passion en tout le reste du corps qui compatisse d'auantage à l'Ame & au cœur, & s'accommode à ses mouuemens qu'en celle-cy, où les bras & les jambes, voire mesme les dents se disposent aussi-tôt pour fraper, pour mordre, pour abbatre, & pour atterrer l'ennemy. Les yeux mesme & la voix sont de la partie; ceux-là grossissans par l'affluence des esprits, comme si l'Ame se disposoit à sortir dehors par ces fenêtres de nôtre corps; & la voix exprimant auec violence & tumulte le mouuement turbulent de l'Ame. Et mesme quelquefois la raison en estant troublée, & la passion continuant, la colere se tourne en rage, qui est vne totale irritation du corps & de l'Ame, par laquelle ils s'efforcent d'abolir entierement ce qui en a esté la cause, où qu'ils croyent l'auoir esté. I'adjoûte cette derniere clause pour accommoder ma definition à tous les objets innocens, ausquels la colere s'attache par fois lors qu'elle n'est plus guidée par aucune raison; comme lors qu'vn homme estant poussé d'vn excez de colere contre sa femme, ou quelque domestique; comme j'ay veu quelquefois, casse les meubles, brise tout ce qui se trouue deuant luy, & frape & mort inconsiderement ce qui luy vient à la rencontre, amis & ennemis, hommes, bestes, & corps insensibles.

Ce qui ressemblant extrémement aux accidents de la rage, pourroit sans doute seruir à en connoître les causes, s'il estoit de nôtre sujet d'en parler icy plus au long. Seulemẽt diray-je que comme nous auons remarqué que les maladies blessent quelquefois nôtre corps en telle sorte que l'Ame par consentement se porte à des mouuemens semblables à ceux qu'elle ressent dans les passions, de mesme dans la rage l'acrimonie extraordinaire de l'humeur, se glissant en toutes les parties du corps, & mesme au cœur; & les irritant extraordinairement tout à la fois, fait que l'Ame ne se pouuant garantir par la fuite, comme ayant l'ennemy au dedans, s'élance de mesme sorte qu'en la colere, comme pour le chasser au dehors; & ainsi la raison ayant perdu son vsage, celuy qui est pressé du mal ne trouue rien au dehors à quoy il ne s'attaque; comme si c'estoient autant de causes de sõ mal. Et pour le dire en vn mot, je croy que les grandes inquietudes que les malades ressentent dans les fiévres violentes, l'humeur estant épanduë de toutes pars, & qui leur cause tant d'agitation, & mesme des actions violentes de colere & de rage, ne different de la vraye rage, que comme du plus au moins, & peuuent seruir à en comprendre la nature. Surquoy ie diray

diray encore vne choſe, que le premier mouuement de l'ame & du cœur lors qu'il ſe trouue quelque choſe qui les bleſſe, eſtant de ſe reſſerrer en dedans, comme pour les éuiter par la fuitte, il y a touſiours quelque petit mouuement de crainte qui precede la colere, d'où peut eſtre ou pourroit faire naiſtre la paſleur du viſage qui paroiſt au commencement de la colere : & meſme comme la colere ne s'attaque qu'aux objets que noſtre ame croit au deſſous d'elle, il ſemble qu'elle ait touſiours beſoin de quelque eſtincelle de raiſon auant que ſe mettre en train, & de bannir la premiere crainte. Ce qui fait que les beſtes brutes qui n'ont pas aſſez de connoiſſance pour diſcerner ce qui eſt au deſſus ou au deſſous de leur portée, ne ſe mettent iamais en colere d'abord, mais commencent par la crainte & par la fuitte, lors que quelque choſe ſemble les menacer ; de ſorte que leur colere qui naiſt par la continuation de l'irritation, & lors qu'ils ne ſe peuuent garantir par la fuitte, ſemble touſiours tenir de cette colere, qu'aux hommes nous accomparons à la rage. Et de ce que nous auons dit que l'Ame & le Cœur taſchent touſiours de ſe garantir d'abord par la fuitte & le resserrement en soy comme dans la Crainte, se peut, à mon auis, tirer conjecture, pourquoy les hommes, les chiens, & autres animaux trauaillez de la rage portent grauez en leur maintien tous les caracteres d'vne extreme tristesse & abbattement lors qu'ils sont hors de leur accez: car le cœur ne laissant pas en cét entre-temps de ressentir la malignité de l'humeur, se resserre de tout son pouuoir, de mesme qu'en la crainte ou en la tristesse, comme pour en éuiter l'abord, mais l'humeur venant à s'aigrir, à s'émouuoir, & à se respandre, la fuitte estant inutile, les mouuemens de crainte & de tristesse, tant de l'ame que du cœur & de tout le corps, sont changez en ceux de colere & de rage.

CHAPITRE XV.

Du Desir & de l'Amour. De ses diuerses especes. De celuy de Venus, & des causes de son plaisir. Comment la semence est produite. De la distinction des deux sexes, & de l'vsage de la beauté.

NOVS auons dit que l'Amour de soymesme, ou si vous voulez l'amour de la forme & de la matiere, du corps & de l'ame ioints ensemble, est le fondement de toutes les passions, qui a pour but & pour objet la conseruation de chaque estre: mais il y a vne autre sorte d'amour qui dépend pareillement de celuy-là, & qui a pour objet les choses de dehors qui nous sont vtiles, lequel nous conuient ainsi que nous auons dit cy-dessus, comme à des estres imparfaits, & qui ne peuuent subsister sans l'ayde des choses de dehors. En cette passion nostre ame court au deuãt des objets, s'ouure, pour ainsi parler, afin de leur donner entrée, ce qui estant absent la passion de nostre Ame se nomme Desir, & estant present vous cause la Ioye, nous parlerons cy-apres de la Ioye, apres auoir dit icy quelque chose du Desir & de l'Amour. Il est certain que cette Passion, de mesme que les autres, est composée de deux mouuemens, l'vn du corps, & l'autre de l'ame, dont celuy-cy ne se peut exprimer par paroles, & celuy du cœur & du corps est plus obscur qu'en aucune autre rencontre. Et comme nous auons du desir pour plusieurs choses dont les vnes semblent ne regarder que l'esprit, & les autres appartenir quasi toutes au corps, il est besoin de considerer leurs especes, auant que d'en bien iuger. Celles qui appartiennent purement à l'esprit, sont diuines ou humaines. Les premieres sont les graces du Ciel, & generalemēt ce qui regarde la Religion, dont nous n'auons point dessein de parler icy, comme nous arrestans à ce qu'il y a de plus physique. En nous les choses humaines, pour lesquelles nous auons de l'amour, sont les sciences, & mille curiositez que nostre ame considerant comme belles & vtiles, ne peut qu'elle ne leur porte de l'amour, & qu'elle n'en souhaitte la possession. Neantmoins les considerant comme indifferentes à son estre, & sans lesquelles le lien du corps & de l'ame peut aisement subsister, elles ne luy cauſent aucun mouuement violent, qu'elle ne fait paroiſtre qu'aux choſes qui la touchent de plus prés, & c'eſt pourquoy rarement ſentons-nous de fortes paſſions pour ces choſes, & dont noſtre cœur ſoit émeu, ſeulement quand cela arriue noſtre cœur ſe dilate vn peu plus qu'à l'ordinaire comme dans la Ioye, ſi ce n'eſt que la crainte de quelque obſtacle, ou le déplaiſir du retardement l'oblige à ſe reſſerrer: car ces deux mouuemens ſont aſſez ordinaires dãs l'Eſperance, qui eſt vn deſir de quelque choſe abſente, la crainte & la joye préualant ſucceſſiuement ſelon que nous nous flattons d'eſperances, & que nous nous propoſons des obſtacles. C'eſt pourquoy dans cette paſſion, non plus qu'en toutes les autres eſpeces d'amour, dont nous parlerons cy-apres, nous n'auons quaſi aucun caractere certain pour la reconnoiſtre au dehors; cecy à mon aduis, en eſtant la ſeule marque, lors que nous remarquons qu'vne perſonne eſt tantoſt enſeuelie en vne profonde triſteſſe, & incontinent apres fait paroiſtre des ſaillies extraordinaires de ioye, ſelon que la crainte ou l'eſperance manient ſon eſprit.

Les deſirs qui appartiẽnent entierement

au corps, ſont celuy du boire & du manger, & celuy qu'on nomme particulierement Amour. Le premier ſemble dépendre entierement de la diſpoſition des organes de noſtre corps, ſelon qu'ils ſont plus vuides & plus aſſechez; c'eſt pourquoy noſtre ame compatiſſant au corps en cette rencontre, au lieu qu'aux autres paſſions c'eſt l'ame qui commence, & le corps qui compatit, on ne doit point, à mon auis, mettre ce deſir, qu'on nomme appetit, au rang des Paſſions de l'Ame: car ſi l'Ame s'attriſte, ou ſe courrouce quelquefois par la faim & la ſoif, c'eſt plus contre les choſes de dehors qui ſemblent dénier, empeſcher, ou retarder ce que nous ſouhaittons, qu'à cauſe du ſentiment meſme de la faim & de la ſoif, qui eſt vne paſſion pluſtoſt du corps que de l'ame.

Il eſt pourtant certain que l'ame n'eſt pas oyſeuſe de ſon coſté en cette rencontre, & que ſi elle ne fait ce qui eſt neceſſaire pour le ſoulagement du corps, au moins elle n'oublie rien de tout ce qui eſt en ſon pouuoir, puiſque enuoyant les eſprits ſur toutes les images des viandes qui peuuent aſſouuir la faim, elle nous fournit de moyẽs pour les mettre en noſtre poſſeſſion, & elle dreſſe ſouuent en dormant des feſtins imaginaires, qui ſont auſſi inutiles au corps, que la dilatation ou la contraction du cœur sõt de peu de fruict à l'ame en la pluſpart des paſſions. Et comme elle n'a que ces images dont elle nous puiſſe regaler, elle en enuoye l'impreſſion par l'entremiſe des eſprits en toutes les parties du corps, comme pour en faire l'application à chaque partie qui eſt trauaillée de diſette : car ie ne croy point que ce ſoit à autre cauſe qu'il faille attribuer les marques des choſes exterieures que les enfans apportent du ventre, ce qui ſe fait en cette ſorte. Nous auons dans le cerueau des impreſſiõs de toutes les choſes qui ſont tõbées ſous nos ſens, contre leſquelles les eſprits animaux venans à heurter en reçoiuent l'impreſſion, qui va touſjours en augmentãt, & en produit de nouuelles par toute l'eſtenduë des eſprits, à peu prés en meſme ſorte qu'vne pierre iettée dans l'eau y excite des formes rondes qui flottent long-temps durant deſſus la ſuperficie. Le meſme, à mon auis, arriue encore, & meſme plus viuement par la preſence des objets externes qui impriment en meſme temps leur image au cerueau pour y demeurer grauée, & dans les eſprits pour les porter à nostre ame. Les esprits pleins de ces images voguent assez longtemps çà & là par le corps, mais particulierement si la chose est viuement desirée, l'ame compatissant au corps, & ne pouuant faire autre chose, oblige les esprits, comme nous auons dit, à porter cette image en toutes les parties du corps: mais n'estant pas assez grossiere pour émouuoir nostre corps, il ne la ressent point en soy. Cependant la femme estant enceinte, & son fruit n'ayant encore aucune solidité, les esprits passans iusques à la matrice, & y portans les mesmes images, heurtent quelquefois si viuement contre la matiere tendre de l'enfant, qu'ils en grauent l'image iusques à la peau. Et ce que nous voyons que les couleurs des choses desirées s'impriment quelquefois aussi naïfuement, que la figure mesme tesmoigne que les especes qui entrent par les sens ont quelque chose de corporel, & qui retient la couleur naïfue, aussi bien que les autres conditions des objets exterieurs; Ce qui estãt porté auecque les esprits, & s'attachant à la partie, peut donner aux marques d'enuie le lustre & l'air des choses mesmes. Il y a encore plusieurs particularitez qui appartiennent à cette matiere, mais estans hors de nostre sujet, nous n'en dirons pas dauantage.

Seulement il est aisé à voir que ce desir de boire & manger cause rarement des mouuemens violens en l'ame, & qu'il ne peut estre mis, à proprement parler, au nombre de ses passions, sinon comme cause esloignée, de mesme que l'expulsion des excremens est vne operation du corps assisté de la presence de l'ame, qui ne sçauroit passer pour crainte ny pour colere, quoy qu'il ait vne mesme fin, & ne peut pareillement estre mise au nombre des Passions de l'Ame, quoy que parfois elles tirent de là leur naissance.

Il ne nous reste donc plus que l'Amour, qui, comme dit Monsieur Des-Cartes, est le sujet commun de tous les Romans, & des plus beaux traicts de Poësie, & c'est sans contredit la plus commune de toutes les passions, & dont neantmoins les ressorts nous sont plus cachez, car les autres seruẽt à embrasser ce qui nous manque, ou à éuiter ce qui blesse: mais celles-cy gist autant & plus dans le dessein de communiquer à autruy, & de se produire soy-mesme, que de receuoir rien d'ailleurs, car cette passion à l'égard du corps a, à peu prés, le mesme rapport que l'inclination de faire des Liures, ou de produire quelque nouuelle pensée, à l'égard de nostre esprit, puisque en cette derniere rencontre nous auons souuent vn desir violent qui ne tend ny à l'vtilité du corps, ny à celle de l'esprit, & qui prouient plustost d'abondance que de disette : & cependant par ce moyen nous donnons vn abregé de nous-mesme, & faisons voir vn vray pourtrait de la partie spirituelle de nostre estre, & mettons en estat de durer lors que nous ne serons plus, des choses qui seroient necessairement disparuës auec nous, si nous ne les eussions produittes de cette sorte. Et tout cecy se remarque naifuement en l'amour, qui naissant de l'abondance qui est au corps, tend à donner & à produire plustost qu'à receuoir, & dont cependant il ne reuient aucune vtilité naturelle à nostre corps apres cette production, sinon en ce qu'il a accomply le desir qui le trauailloit, & neantmoins c'est par ce seul moyen que nostre corps donne vne image de soy-mesme, & rend de durée immortelle ce qui de soy est caduque & perissable, & c'est là en quoy gist la principale & vraye fin de l'amour. Quãt à l'autre partie qui procede de la disette, & qui gist dans le desir que chaque sexe a l'vn pour l'autre, il semble que ce soit là chose la moins considerable en l'amour, quoy qu'on l'y fasse ordinairement tout consister: de mesme qu'vn homme de lettre ayant dessein de produire quelque pensée recherche le papier & l'encre, & les lieux esloignez du bruit, comme les seuls moyens de paruenir à sa fin, quoy qu'ils ne soient pas à proprement parler de l'essence de la chose dont il s'agit. Car de mesme le masle recherche la femelle, comme le seul bien propre où loger sa production, & la femelle au contraire le masle, comme le seul moyen de perfectionner la sienne, & de la faire voir au iour. Il y a neantmoins cela de plus en ce desir mutuel du sexe, que chacun n'estant qu'vn estre imparfait, consideré à part au regard de cette productiõ, il est impossible que l'vn se produise sans l'autre, au point de pouuoir subsister: Et c'est pourquoy Dieu, la Nature, & les loix ont apporté tant de soin pour cette vnion mutuelle. C'est de là que naist la ligue mutuelle du corps & de l'ame à s'efforcer d'obtenir tout ce qui peut seruir à l'accomplissement de cette passion: c'est de là que viennent les desirs de plaire aux Dames,

& de se conformer le corps & l'esprit à toutes leurs inclinations. C'est encore au seruice de cette mesme passion que toutes les autres, la crainte, la tristesse, & la ioye, se monstrent les plus violentes, & la colere mesme, quoy qu'elle ait vn domaine tout contraire à celuy de l'amour, ne laisse pas quelquefois de s'aigrir, & de sortir de ses bornes au seul commandement de l'amour & pour le faire paruenir à sa fin. De fait il n'y a guere de passion dont vn amoureux ne soit trauaillé tour à tour à chaque moment du iour, qui fait que nostre ame & nostre corps n'ayant aucun mouuement reglé en toute la conduitte de cette passion, en empruntent diuersement de toutes les passions, d'où vient que le dereiglement du poux, du maintien & des actions d'vn homme joints à la curiosité de s'ajuster, sont les meilleurs caracteres par où son amour se trahisse, si vous y adjoustez la rougeur compagne de la honte, à l'abord de l'objet aymé, puisque l'amour non seulement nous fait aymer autruy, mais a aussi pour but de nous rendre aymables à eux, ce qui fournit vn continuel sujet d'apprehender que la personne aymée ne trouue en nous quelque deffaut, qui est le vray sujet de la honte.

Mais toute cette deſcription de l'amour eſtant pluſtoſt du faict de la Morale que de la ſcience naturelle qui cherche les choſes plus à plein, il eſt raiſonnable d'en dire quelque choſe de plus, & qui conuienne dauantage au but que nous nous ſommes propoſez. Et comme c'eſt de l'action meſme par laquelle s'accomplit l'amour, que nous pouuons tirer les meilleures connoiſſances pour l'explication de ce myſtere de nature, en quoy il n'eſt pas facile de demeurer dans tous les termes que la ciuilité requiert. C'eſt pourquoy ie ſupplie icy les Dames, & generalement tous ceux qui ayans vne obligation particuliere à la chaſteté, n'ont rien qui leur doiue donner enuie d'entendre exactement ces myſteres, de ne paſſer pas plus outre en la lecture de ce Chapitre ; & de le terminer en ce lieu, me deschargeant icy ſur leur trop de curioſité, du blaſme qu'ils pourroient imputer à ma plume, puis que ie n'ay deſſein d'écrire cecy que pour la ſatisfaction des Medecins & de ceux qui font profeſſion d'eſtudier particulierement les Secrets de Nature, auſquels il eſt permis non ſeulement de deſcouurir, cõme en l'Anatomie les corps nuds de l'vn & l'autre ſexe, mais auſſi de parler naïfuement & ſans ſcandale des operations plus abjectes de noſtre ame : ou de mettre fin, diſ-je, en cét endroit à la lecture de ce Chapitre, ou d'attendre qu'elles ſoiẽt ſeules enfermées dans leur Cabinet à le parcourir iuſques au bout.

Pour deduire donc la choſe dés ſa ſource, ie croy que l'amour eſt vne paſſion égale du corps & de l'ame, dont toutesfois le commencement vient du corps qui eſt auſſi-toſt ſecondé par l'ame. Car pour laiſſer à part la derniere fin & plus eſloignée que la nature ſe propoſe en l'amour, & le fruict qui en reuient pour l'ornement de l'Vniuers, il eſt certain que le vray but de chaque animal en cette paſſion n'eſt autre que la volupté & le plaiſir qui ſe reſſent en la conjonction charnelle ; & le deſir que chaque ſexe a pour l'autre, quelque pretexte qu'on puiſſe apporter, n'a point d'a[illegible] viſée que celle de ſe ioindre ainſi. Non pas que ce ſoit ſimplement le but que de ſe ioindre l'vn à l'autre, mais bien de ſe chatouiller l'vn l'autre par vn frotement mutuel dont dépend tout ce plaiſir, & auſſi eſt-ce par là que l'action d'amour ſe termine, & l'amour ne commence en nous que lors que les parties deſtinées à la generation viennent à estre capables de ce chatoüillement, en la connoissance duquel gist le principal point de cette doctrine. De sorte que nous pouuons asseurer que qui sçait quelle est la nature de ce chatoüillement des parties honteuses & d'où il dépend, peut conuenablement parler de l'amour, comme le connoissant dés sa source.

Quelques-vns ont touché cette matiere, comme plusieurs de nos Medecins, mais ils l'ont fait si à la legere, qu'à peine est-on plus satisfait aprés la lecture de ce qu'ils en ont escrit, & tous leurs sentimens se rapportent à peu prés à cecy; que les parties genitales sont doüées d'vn sentiment exquis, & c'est d'où ils font dépendre tout le fondement de cette volupté, & que la semence estant doüée de quantité d'esprits qui la gonflent & qui la font boüillonner, elle vient à chatoüiller en passant cette partie d'vn bout à l'autre, ce qui se fait d'autant mieux lors que la semence sort en abondance, qui cause vn chatoüillement plus grand. Mais cela, à mon auis, ne suffit pas pour l'éclaircissement de la chose, puisque nous voyons plusieurs autres parties qui n'ont pas vn sentiment moins vif, & où le ſang & les eſprits viennent en abondance, qui pourtant n'ont rien de pareil. La choſe eſt aſſez manifeſte en l'œil, qui a le ſentiment auſſi vif que l'on puiſſe imaginer, & où les eſprits affluent continuellement, & cependant ils n'ont d'eux-meſmes aucun ſentiment voluptueux, & le moindre attouchement externe qui cauſeroit du plaiſir ailleurs, ne peut eſtre receu d'eux ſans vn vif ſentiment de douleur. Peut-on imaginer vne partie plus ſenſible, & où le ſang & les eſprits abordẽt plus abondamment, que la membrane du cerveau qui ſe redouble en ſon milieu pour cõtenir le ſang & les eſprits qui y ſont portés, & qui ſe perfectionnent en cette partie? & neantmoins perſonne n'a iamais rien ſenty en cette partie qui luy cauſaſt la moindre volupté.

Ie croy donc en effet que le ſecret de ce myſtere ne conſiſte qu'au ſentiment qui a quelque choſe de particulier en cét endroit, & different de celuy qui le remarque par tout ailleurs, non pas que l'ame ſe ſert pour cét effet d'vne faculté differente, ny qu'elle employe d'autres organes, n'y ayant que les nerfs icy, comme ailleurs, qui cauſent le ſentiment: Mais ie croy que ce chatoüillement,

toüillement, de meſme que celuy qui cauſe le ris, dont il ſera parlé plus bas, ne prouient que de l'arrangement, de l'accord, & de l'harmonie mutuelle des nerfs, qui cauſent ce ſentimẽt, de ſorte que la moindre partie eſtant touchée, toutes les autres qui ſont ajuſtées au meſme ton par vne correſpondance neceſſaire, reçoiuent la meſme émotion. Car s'il y a quelque occaſion où ſe confirme ce que Platon a dit, que noſtre ame ayme l'harmonie, & qu'elle ſe gouuerne harmonieuſement, c'eſt ſans doute en celle-cy, où il paroiſt qu'elle reçoit vne merueilleuſe volupté, non pas tant du ſentiment, à parler ſimplement, qui eſt dans les parties honteuſes, que de l'accord & de la ſymphonie qui ſe trouue en ce ſentiment; ou ſi vous voulez dans l'émotion égale des parties nerueuſes qui la compoſent, qui eſtans arangées & tenduës auec vn ordre conuenable à guiſe d'vn inſtrument de muſique, & le ton, pour ainſi dire, de chaque nerf, reſpondant exactement à l'autre à peu prés, en meſme ſorte que les cordes d'vn Luth, ou tel autre inſtrument, il eſt impoſſible d'en toucher deux ou trois que l'harmonie ne s'y remarque, & encore plus lors qu'on touche tout à la fois, le concert estant lors parfaict, ce qui donne vn merueilleux plaisir à l'ame, de mesme qu'elle se resiouyt du toucher harmonieux des parties & des nerfs, de l'aureille par le son des voix & des instrumens. Car puis qu'il est certain que l'harmonie n'est pas moindre en l'attouchemẽt qu'à l'ouye, comme cela se voit aux instrumens de musique, dont les sons & l'harmonie respondent exactement au mouuemẽt des doigts qui touchent les cordes, & qui ne sont que des impressions de mouuemẽt, causez par l'attouchement; qui doute que nostre ame puisse estre aussi bien touchée de plaisir par vn attouchement reglé & harmonieux, que par l'ouye de semblables sons, dont la nature ne consiste aussi qu'en vn attouchement & en vn remuëment reglé de substances plus deliées?

De fait qui considerera bien la figure & la structure des parties honteuses de l'homme, verra que ce qu'on nomme le gland ne rapporte pas mal à vn instrument de musique, estant tissu de nerfs desliez arrangez en vn admirable ordre : car encore qu'il semble que ce ne soit qu'vne membrane de la nature des autres qui le couure de toutes parts, en sorte que ses fibres aillent aussi bien en long qu'en trauers ; neantmoins si l'on prend garde comment le dessus est fait en demy rond, les fibres qui composent la membrane estans disposez en trauers ou en rond, comment ces demis cercles de nerfs vont en diminuant de grandeur à mesure qu'ils approchent du bout où est le conduit de l'vrine, & en croissant vers l'autre bout, & comment les vns & les autres vont tous aboutir à la couture qui est au dessous à l'endroit qu'on nomme le frein, comme si c'estoit le lieu où toutes les cordes qui font l'harmonie doiuent estre attachées des deux bouts, quiconque, dis-je, prendra garde à cela, se figurera aisément que toute cette dispositiõ n'a été faite de la nature que pour quelque harmonie secrette, & qu'il y a pareille correspondance du petit bout du gland au gros, c'est à dire les moindres cercles aux plus grands, qu'entre les grosses cordes d'vn Luth & les plus petites chanterelles. Et de plus qui remarquera les ressorts de la nature à faire enfler cette partie lors qu'elle s'en veut seruir, ou à la faire des-enfler quand elle veut qu'elle soit oysiue, ne pourra iuger autre chose, sinon que les nerfs de cette partie destinez au sentiment voluptueux ont besoin, de mesme que les cordes d'vn instrumẽt de musique, d'estre parfaitement bandez, & tous sur vn mesme ton pour rendre quelque harmonie.

Representons-nous donc cette partie comme vn instrument de musique, ou bien quelqu'instrument fait à la guise d'icelle, où les cordes aillent en demy-rond, & soient disposées en trauers de l'instrument, sans doute les cordes estant ajustées, & toutes prestes à sonner, il faudra que le musicien pour faire rendre l'harmonie, les touche de haut en bas, & selon la longueur de l'instrument, en sorte qu'il touche les cordes de trauers, & que ses doigts coulent de l'vne sur l'autre; & c'est là iustement ce qui arriue au déduit de Venus, où les parties honteuses de la femme touchent ainsi le gland de haut en bas, & de bas en haut, selon la longueur de la verge, & en trauers des nerfs du gland, d'où procede aussi-tost vne merueilleuse harmonie, qui ne se ressent qu'au toucher. Et ce qui est de plus en cét instrument qu'en ceux de musique, & en la maniere de le toucher, c'est qu'aux autres les doigts ne touchent à la fois qu'vne seule partie de chaque corde, & passent immediatement de l'vne à l'autre, au lieu qu'icy comme l'inſtrument eſt rond, les cordes diſpoſées de meſme, & les parties de la femme deſtinées à le toucher conſtruites de meſme façon entrant exactement l'vn dans l'autre, non ſeulement tous les nerfs de cét inſtrument ſont touchez tout à la fois, mais auſſi chaque nerf eſt touché de toutes parts en toute ſon eſtenduë, ce qui ſans doute ſert merueilleuſement à augmenter cette harmonie.

Cela ainſi conſideré, ſi noſtre ame reſſent des mouuemens particuliers à la preſence de certains objets de dehors qui ne la touchent que de loin, il ne faut point douter qu'elle ne ſente vne eſtrange émotion par vne ſi grãde harmonie qui ſe iouë ſur noſtre corps meſme, auquel, comme nous auons dit, elle compatit en tout autant aux biens comme aux maux, & ſur tout, puiſque nous voyons qu'il n'y a point de ton de muſique qui ait la moindre conuenance & le moindre accord auquel elle ne prenne plaiſir, & ne s'en ſente toute émeuë, d'où vient meſme que certaines maladies qui attaquent plus l'eſprit que le corps, ſont ſoulagées & gueries par la muſique, cõme la morſure de la Tarantule, & cette furie dont Saül eſtoit trauaillé, cette harmonie remettant pour ainsi dire, l'ame sur les tons dont elle estoit sortie par la violence du mal, par la disproportion des organes. Et au contraire cette harmonie estant démesurée en certains égards, l'ame ressent des mouuemens dépravez, non toutesfois sans quelque harmonie, & oblige nostre corps à la suiure, & à l'imiter, comme en la maladie nommée Dance de S. Vit, où les malades ont vne continuelle enuie de dancer sur certains tons & certaines mesures.

Pour la nature du mouuement que l'ame reçoit en soy-mesme par cette harmonie de Venus, il est assez difficile de l'exprimer par paroles, mais la secousse mutuelle qui se voit en toutes les parties du corps, & qui prouient de leur estroitte sympathie, monstre assez que nostre ame imite le son des cordes qui sont touchées pendant ce temps tantost en haut, & tantost en bas, car elle sautelle comme hors de soy-mesme, tantost en auant, & tantost en arriere, s'accommodant à la cadance; & c'est aussi ce que tout le corps ressent tres-estroittement, s'ajustant à la mesme cadance, s'auançant en auant, & se retirant incontinent en arriere. Car c'est vne chose certaine que non seulement les parties destinées à la generation, mais aussi tout le corps est composé en telle sorte, que toutes ses parties ont vne conuenance harmonique, & dont les tons respondent l'vn à l'autre, comme cela se voit au chatoüillement qui nous fait rire, quoy que certaines parties y ayent bien moins de disposition que les autres. Mais en cette rencontre tout le corps émeu par l'harmonie, tant de l'ame, que des parties honteuses, se remuë égalemēt de toutes parts, ne faisant qu'vn seul mouuement, qui neantmoins a diuers temps, selon les deux diuers mouuemens, l'vn en dedans, l'autre ou dehors. Et ce qu'il y a encore de remarquable en ce mouuement, c'est que non seulement le corps se remuë en deuant & en derriere, mais aussi toutes les parties se retirēt comme en dedans se pressant les vnes les autres, & se relaschent aussi-tost: ce qui vient, à mon aduis, de ce que toutes les parties du corps non contentes de suiure l'harmonie qui se trouue aux parties, & d'imiter sa cadance, font aussi toutes quelque effort pour se porter vers le lieu mesme, comme pour estre dauantage de la partie, & s'approcher de l'harmonie, ny plus ny moins que les bestes farouches & les corps les plus insensibles accouroient de toutes parts au son de la Lire d'Orphée: Et c'est de cette inclination de toutes les parties à s'approcher de ce lieu, que dépend la production de la semence, car chaque partie se secoüant en dedans comme pour se porter vers là, & en estant empeschée par la solidité, & par l'attache mutuelle, il se détache lentement de chaque endroit ce qu'il y a de plus subtil, & que rien n'est capable de retenir, qui partant de toutes les parties du corps tout à la fois, retient aussi la mesme vnion & la mesme disposition qu'il auoit auant le depart, portant ainsi vne vraye image de l'animal dont il est sorty. Car pour le dire en peu de paroles, ie ne trouue point qu'il y ait de sentiment au fait de la nature de la semence qui surpasse celuy du Diuin Hippocrate, qui l'a fait proceder de toutes les parties du corps, chacune donnant en cette façon vne image de soy-mesme, ce qui arriue au moyen de l'harmonie dont nous auons parlé. Et comme ce qui se détache de chaque partie est entierem nt subtil, il ne se faut point estõner s'il passe facilement & presque en vn moment au trauers de tous les pores insen sibles qui sont aux parties internes, pour se rendre au lieu desiré; où estant arriuée, le plaisir s'augmente tout à coup, tant à cause que les parties honteuses sont enflées de nouueau par l'abord de cette matiere, & qu'ainsi les cordes qui font l'harmonie en sont beaucoup mieux tenduës, qu'à raison du cours impetueux de cette mesme matiere par la partie ainsi disposée, qui au moindre attouchement augmente le ton, & la douceur de son harmonie : Mais aussi-tost tout le concert vient à cesser, & les cordes de l'instrument ne respondent plus au toucher, tant à cause que la plus grande part de la matiere qui les tenoit tenduës, estant sortie dehors, les laisse desbandées, qu'à raison de ce que le corps s'estant deschargé de toutes parts d'vne matiere qui le tenoit pareillement bandé, & le rendoit disposé à l'harmonie, il ne peut pareillement respondre si promptement au son, tant que sa matiere soit derechef disposée pour s'engager à vn nouueau concert.

Par lesquelles choses, il n'est pas difficile de comprendre qu'Hippocrate a eu grande raison d'accomparer le mouuemēt amoureux à celuy des Epileptiques, puis qu'en l'vn & en l'autre tout le corps agit également, se resserrant de toutes parts en soy-mesme, & incontinent se relâchant, se mouuant en auant, & se retirant aussi-tôt en arriere, l'vn & l'autre ayant pour but de se décharger d'vne matiere qui le presse & qui l'incommode, & occupant tellemẽt tous les organes, & attirant l'Ame dans le consentement, qu'elle en perd pour quelque temps l'exercice de ses plus nobles facultez, reduisant l'homme pendant ce petit espace au dessous des bestes les plus brutes considerées hors de ce mesme mouuement.

Ce que nous auons dit de l'homme se doit parcillement entendre de la femme, dont le col de la matrice est le vray instrument harmonique, & auec lequel toutes les parties de son corps ont le mesme consentement que celuy de l'homme, auec le gland & le reste de la verge : Où il paroît que les nerfs qui causent le plaisir en la femme, sont disposez pareillement auec mesure harmonique, mais en figure circulaire & au dedans de l'instrument, au lieu que ceux de l'homme ne sont qu'en demy rond, & quasi tous en dehors, quoy qu'il y ait aussi quelque harmonie dans le canal qui sert à l'vrine, & c'est sans doute de la plus grande ou moindre disposition que ces parties des deux sexes ont à l'Harmonie Musicale que dépend l'éclaircissement de la question faite à Tiresias.

Pour finir donc par où j'ay commencé, je croy que l'amour à le prendre en sa source n'est autre chose que l'inclination à cette harmonie, & qu'vn sexe ne souhaite l'autre, qu'à cause que chacun ressentant parfaitement la conformation de toutes ses parties, & de quelle sorte sont situées les cordes que la nature a destinées à ce concert, chacun souhaite au dehors quelque chose de proportionné qui les touche conuenablement ; ainsi le mâle les sentant en dehors & en rond souhaite aussi quelque chose de rond & de creux, dans lequel il se puisse fourrer, & qui le touche de toutes parts. Et la femelle au contraire les sentant en dedans & pareillemẽt en rond, souhaitte quelque chose qui puisse y entrer, & dont la figure estant proportionnée, touche aussi les cordes de toutes parts, & les face sonner comme il appartient ; à peu prés de mesme sorte qu'vne beste brute ressentant de la demangeaison en quelque partie où elle ne peut porter la dent ny la patte pour la grater, recherche auec auidité quelque corps solide, comme vne pierre, vne butte, ou vne muraille & chose semblable, contre quoy elle se puisse froter. Cependant comme chaque sexe rencontre en l'autre de mesme espece, autãt de sujets propres à le satisfaire qu'il s'y trouue d'indiuidus : la nature a placé au visage, & dans le reste du corps vn certain agréement qui dépend de la Symetrie & proportion de toutes les parties, que nous appelons beauté, qui selon qu'il plaît à nos yeux, nous determine à souhaiter plûtôt vn indiuidu que l'autre, à quoy suruiennent mesme en la societé ciuile les consideratiõs Politiques & Oeconomiques, qui nous font souuent contenter d'vne moindre beauté, sçachans que nous ne serons pas frustrez de ce que nous recherchons comme principal en l'amour. Et cependant, ce desir de la beauté qui n'est qu'vn accessoire de l'amour, non plus que la gentillesse de l'esprit, la taille du corps, & l'ajustement des habits, passent en l'esprit de plusieurs comme les principaux motifs de cette passion ; ce qui est fort éloigné de nôtre pensée.

Chapitre XVI.

DE LA IOYE.

NOVS auons rangé l'Amour au nombre des passiõs de l'Ame, quoy qu'en effect elle appartienne dauantage au corps, & qu'elle n'ait point comme les autres, plûtôt son siege au Cœur qu'en aucune partie; celle dont nous auons parlé en estant le vray fondement : A present nous parlerons de la Ioye, comme vne de celles qui meritent veritablement ce rang, estant vne passion qui dépend d'vne émotion de l'Ame, à laquelle le cœur & tout le corps compatissent tres-promptement. Nous auons dit cy-dessus, que lors que nous desirons quelque chose d'vtile à l'entretien & conseruation de nostre estre, pendant que nous sommes en l'attente, le maintien de nostre Ame en cét estat se nomme esperance; mais lors que la chose desirée est prochaine ou presente, il en naît vn mouuement en l'Ame, qui tendant à receuoir & embrasser ce dont la joüissance luy est permise, se nomme ordinairement Ioye, ou comme il ne s'agit que de receuoir & d'ẽbrasser le mouuement de nostre Ame semble n'estre en cette occasion, que comme vne dilatation, & vne ouuerture de soy-mesme, s'il faut ainsi dire, pour donner entrée à ce qui nous vient du dehors: c'est pourquoy nostre cœur n'ayãt autre soin que de s'accommoder entierement aux inclinations & aux émotions de l'Ame, s'ouure aussi de tout son pouuoir, & fait des dilatations violentes, non pas comme en la colere, où il oublie quasi à se resserrer: car icy l'Ame ayant pour but de receuoir & d'embrasser le cœur, imite l'vn & l'autre, mais auec vne violence extraordinaire en l'vn & l'autre mouuement, d'où vient qu'en la dilatation il entre vne quantité de sang bien plus grande qu'à l'ordinaire dans le vẽtricule droit du cœur, qui estant repoussée auec pareille impetuosité dans la contraction, jusques aux extremitez du corps, fait qu'elles deuiennent d'vne couleur vermeille; & mesme comme il paroît à la veuë, en beaucoup meilleur point qu'à l'ordinaire. Et c'est de la violence de cette dilatation, & de l'abondance de sang qui entre dans le ventricule droit du cœur en ce mesme temps, qu'arriuent les accidents facheux qui ſe remarque également dans la Ioye & dans la colere, juſques à cauſer meſme la mort: Car le ſang eſtant ainſi entré abondammẽt dans le ventricule droit, à raiſon de la grande ouuerture de la veine caue, & ne pouuant paſſer auec meſme viſteſſe dans le ventricule gauche, à cauſe de la petiteſſe, & du circuit des vaiſſeaux deſtinez à cét effet qui tournoyent par le poumon, lors que le cœur taſche de ſe reſſerrer, les valuules faites en trident qui ſont à l'entrée du ventricule droit, s'oppoſant d'vn coſté au retour du ſang dans la veine caue, & la veine arterieuſe eſtant incapable de le receuoir, il faut neceſſairement ou que l'action du cœur ſoit interrompuë, ou que les valuules & eſclus du ventricule droit miſes à l'entrée de la veine caue viennent à ſe rompre, dont le premier ne peut arriuer ſans quelque deffaillance ou autre grande incommodité, & le dernier eſt vn accident mortel, & qui cauſe vne mort ſubite. Ce qui n'arriue ny en la crainte, ny en la triſteſſe, où le ſang bien loin d'entrer auec impetuoſité & en abondãce dans le cœur, eſt arreſté dés l'entrée. Tout le corps ne compatit pas moins au cœur & à l'ame en cette passion qu'aux autres, puisque les esprits estant portez par secousses violentes à diuerses reprises en toutes les parties du corps, elles remuent toutes de ioye chacune selon sa constitution naturelle, s'accommodans de tout leur pouuoir à ce mouuement de l'ame: ce que les Latins expriment fort naïfuement par cette façon de parler qui leur est ordinaite, *gaudio gestire*, que nous pouuons tourner en François, *tremousser & tressaillir de Ioye*, qui monstre le mouuement commun, quoy qu'assez inégal de toutes les parties, à la presence de la chose desirée.

CHAPITRE XVII.

Du Ris, & de ses causes. Que toutes les autres Passions dépendent de celles dont il a esté parlé; & se peuuent entendre par ce qui en a esté dit.

NOVS auons promis cy-dessus en parlant de l'Amour, de dire quelque chose du Ris & du Chatoüillement: C'est pourquoy nous ne luy pouuons choisir vne meilleure place qu'incontinent apres

apres la Ioye, auecque laquelle le Ris ſemble ne ſe pas mal accorder, non pas que ce ſoit vne vraye dépendance de la faculté iraſcible non plus que l'Amour, puis qu'elles n'ont pour objet l'vne & l'autre, ny choſe nuiſible à noſtre eſtre, ny qui luy ſoit abſolument neceſſaire, ny meſme qui luy paroiſſe tel, en quoy nous faiſons conſiſter celuy des Paſſions; ny pour fin, de repouſſer entierement ou de receuoir, qui eſt auſſi le but des Paſſions proprement dites de l'Ame, ou pluſtoſt des mouuemens de la partie de noſtre Ame qui fait ſa reſidence au cœur, & que l'on nomme iraſcible: de ſorte que la Ioye meſme & le Ris, quelque rapport qui ſemble eſtre entr'eux, ſont d'vne nature entierement differente, la Ioye conſiderant dauantage les choſes qui nous ſont vtiles, qui fait qu'elle a ſon ſiege au cœur, & le Ris eſtant vne émotiõ du corps & de l'ame qui procede de la comparaiſon & de la conuenance de certaines choſes les vnes aux autres qui ſont ſouuent ſans dommage & ſans vtilité à noſtre égard, & qui, comme nous dirons, ſemble auoir ſon ſiege au poumon; & dont la principale ſource dépendant de l'imagination & de la comparaiſon de certaines choses les vnes aux autres, en quoy il faut mesme souuent que le iugement agisse, il n'y peut auoir que l'homme qui en soit touché, les bestes brutes en estant du tout incapables, au lieu qu'il n'y en a point de si brutes qui ne soient capables de ioye : ce qui nous monstre que le Ris est vne passion de l'Ame, s'il faut ainsi dire, aussi releuée par dessus la Ioye, que la puissance raisõnable de l'Ame l'est au dessus des inclinations naturelles qui regissent nostre corps ; mais il est temps d'en rechercher la nature & les causes de plus prés.

Le Ris, comme l'experience nous apprend, est vn mouuement inégal du visage & de la poictrine, dans lequel la bouche s'ouure plus qu'à l'ordinaire, & toute la poictrine se hausse & se baisse auec vne toute autre violence qu'elle n'a accoustumé, poussant au dehors vne voix inarticulée, qui se reprend à toute heure, & qui garde vn certain ordre entre les tons & les mesures, quoy qu'elle soit tantost plus haute & tantost plus basse, laquelle n'a autre signification que certains mouuemens de nostre ame, à la presence des objets que nous nommons risibles ausquels nostre corps compatit.

Ce mouuement s'excite en nous, ou en

touchãt certaines parties du corps auec les mains ou les doigts de la façon qui se nomme chatoüiller, ou bien à la presence de certains objets, & au recit ou mesme à la pensée de certaines rencontres de paroles ou d'actions qui émeuuent nostre ame d'vne façon qui luy plaist, & dont le mouuement se communique aussi-tost aux parties du corps que nous auons nommées. De la premiere sorte nous n'en pouuons alleguer d'autre raison que celle qui a esté raportée en parlant de l'Amour; c'est que le sentiment des parties de nostre corps est double, l'vn qui est absolu, & qui iuge simplement & naïfuement de la nature des objets qui le touchent sans en ressentir d'autre alteration; & l'autre qui est harmonique, & qui prouient, non tant de l'objet de dehors, que de l'arrangement mutuel des parties où le sentiment a son siege, en sorte que les nerfs portez à la peau, gardant entr'eux vn certain ordre, qui a du rapport à celuy des cordes d'vn instrument de musique, il est impossible d'en toucher plusieurs successiuement, que la proportion qui est entre leurs tons ne se fasse paroistre, & qu'il n'en naisse vne sorte d'harmonie, qui émouuant nostre ame aussi bien par l'attouchement que par l'ouye, elle nous fait aussi-tost remarquer son émotion par les mouuemens qu'elle imprime au corps, qui sont du tout semblables dans le chatoüillement à ceux qui prouiẽnent des pensées & objets risibles, nous monstrant qu'en l'vn & en l'autre l'ame est quasi émeuë de mesme façon, sinon que dans le chatoüillement l'harmonie commẽce par le corps & se communique à l'ame, au lieu que dans les objets risibles, il n'y a que l'ame qui ait part à l'harmonie, à laquelle nostre corps compatit par le mouuement des parties qui sont sujettes au Ris.

Ie ne croy pas auoir besoin de m'estendre dauantage en la consideration du chatoüillement, puisque ce que nous auons dit de l'amour peut assez seruir à faire paroistre de quelle sorte les parties de nostre corps peuuent estre sujettes au sentiment harmonique; seulement peut-on demander pourquoy nous ne rions point dans le chatoüillement d'amour, quoy que l'harmonie soit si grande. A quoy i'estime qu'il faut respondre, que le Ris n'est qu'vne émotion particuliere de l'ame, & à laquelle il n'y a aussi que certaines parties de nostre corps qui compatissent, ce qui prouiẽt de l'imperfection de l'harmonie : au lieu qu'en l'amour l'harmonie estant parfaicte, toute l'ame generalement y compatit, & le consentement estant égal en toutes les parties du corps, l'homme ne peut pas rire, puisque le Ris est vn mouuement de certaines parties par dessus les autres. Et cependant ce qui nous monstre que le plaisir de l'amour ne prouient que d'vn sentimẽt harmonique qui a de la correspondance auec le chatoüillement, c'est qu'il n'y a point de parties en nostre corps plus sujettes à estre chatoüillées par vn leger attouchement que les parties honteuses & celles qui leur sont voisines. De sorte que les enfans les plus ieunes & du tout incapables de l'harmonie qui se parfait auec l'aage, ne peuuent neantmoins souffrir qu'on leur approche les doigts de ces parties-là, comme pour les chatoüiller, sãs en estre émeus à rire, ce qui augmente mesme auec l'aage, tant que cette harmonie imparfaite se change en vne autre nature. Et au reste ce que nous auons dit, que le chatoüillement prouient de l'harmonie de plusieurs nerfs destinez au sentiment, ajustez sur mesmes tons, & dont nous faisons comparaison par l'attouchement successif, semble assez se confirmer par le remuëment des doigts dont on vse pour chatoüiller, qui ressemble à peu prés à celuy auec lequel on touche les instrumens de musique, les faisant couler inégalement sur toutes les parties voisines, de mesme qu'on a de coustume de toucher vne corde d'vn Luth incontinent apres sa voisine ou celle qui luy répond pour le ton. Et ainsi le chatoüillement est vne suitte de la comparaison des tons, qui selon qu'ils s'entre-répondent, causent necessairement vne moindre ou plus grande harmonie : Ce qui seruira sans doute à nous fairecomprendre la nature des objets risibles, & qui s'adressent immediatement à l'ame, puisque elle est émeuë de mesme sorte en cette harmonie corporelle, & en celle des choses qui touchent l'imagination.

Car pour le dire en peu de mots, ie croy que le Ris qui prouient en la seconde sorte par les pensées, les paroles, & les actions risibles, n'est autre chose qu'vn mouuemēt excité en l'ame par vne espece de conuenance & de proportion harmonique qui se trouue en certaines rencontres, lors que nous en faisons comparaison auec les connoissances que nous auons imprimées dans l'eſprit. Ce que pour comprendre plus facilement, il faut ſe remettre en memoire ce qui a eſté dit touchant le raiſonnement, la façon que les images des choſes de dehors s'impriment en nous, & comment les operations de noſtre ame s'entreſuiuent, la ſimple & nuë apprehenſion des choſes qui nous les repreſente telles qu'elles ſont, l'imagination qui les confronte les vnes aux autres, & qui les ioint diuerſement; & en troiſiéme lieu la raiſon, qui par l'experience des choſes, tãt du dedans que du dehors, ſe forme certains axiomes en toutes rencontres, & d'vne choſe en infere vne autre par la comparaiſon mutuelle. Car comme nous acquerons par le temps & par l'vſage vne parfaite connoiſſance de la nature de toutes choſes, c'eſt à dire de leurs figures, de leurs proprietez, & de toute l'eſtenduë de leur pouuoir, cela nous tourne tellement en habitude, que la connoiſſance que noſtre ame en a, luy ſert de regle pour iuger de la proportion ou diſproportion, de la poſſibilité ou impoſſibilité des choſes qui ſe preſentent en les comparant auec les images qui ſont grauées dans le cerueau. Ainſi lors que la choſe qui ſe preſente eſt entierement conforme aux connoissances que nous auons, & aux regles par lesquelles nous iugeons de chacun, cela ne cause aucune émotion à nostre ame, mais seulement vn consentement à la chose qui est proposée ; comme quand quelqu'vn dit, *il est iour, car voila le Soleil:* dautant que nous sçauons par experience que ces deux choses s'entresuiuent, au lieu que si quelqu'vn disoit, *il est iour, car voila la Lune*, cela discordant auec les connoissances grauées en nostre esprit, l'harmonie de l'ame en estant changée, cette proposition pourroit causer le Ris en certaines rencontres, par où il est manifeste que tout ce qui cause le Ris est meslé d'harmonie & de discord: d'harmonie, en ce que toutes les connoissances qui sont imprimées en nostre ame, & que nous tenons pour certaines, s'entresuiuent harmoniquement, tous les ressorts du raisonnement n'estans quasi qu'vne harmonie & vne certaine proportion des choses les vnes aux autres ; & de discord, en ce que dans le point où la chose nous fait rire, elle a quelque disconuenance auec le circuit & l'ordre dont nostre ame se sert d'ordinaire dans le raisonnement, ce qui se voit en cette proposition, *il est iour, car voila la Lune*, où l'harmonie ſe remarque en ce que nous ſçauons ce que c'eſt que iour, ce que c'eſt que la Lune, ce que c'eſt qu'eſtre abſent ou preſent; & de plus en ce que nous ſçauons de quelle façon le raiſonnement tire les conſequences accordant la cauſe auec l'effet, & l'effet auec la cauſe, & inferant la preſence ou l'abſence de l'vn de celle de l'autre, & au contraire le diſcord, en ce que nous prenōs pour cauſe ce qui ne l'eſt point, & meſme qui ne le peut eſtre: & comme cette diſproportion ſe rencontre en diuers degrez, l'vne regardant ſeulement les mots, comme dans les équiuoques, l'autre en aſſortiſſant les qualitez à des ſujets que nous ſçauons qui ne leur peuuent conuenir, comme en faiſant parler des beſtes, cheminer des arbres, & l'autre en peruertiſſant l'ordre dont la raiſon a de couſtume d'vſer en inferant les choſes les vnes des autres, de meſme qu'en la propoſition cy-deſſus alleguée, ce qui ſe peut faire en chacune de ſes eſpeces en mille façons differentes, il ne faut pas s'eſtonner ſi cette matiere du Ris eſt ſi commune, & neantmoins ſi peu connuë, n'y ayant perſonne que ie ſçache qui ait entrepris d'en parler auec ordre, ny meſme d'en inſinuer la vraye cauſe. Car la matiere du Ris se peut rencontrer dans les pensées, les paroles, & les actions, & s'adresser à chacune des trois operations de l'entendement dont nous auons parlé.

Dans les pensées, comme estant l'operation de nostre ame, qui cõsidere les images des choses grauées dans nostre cerueau, & qui les compare ensemble & les assortit diuersement; & aussi la pensée se prend quelquefois pour la memoire, qui nous peut representer auec tant de naïfveté les paroles ou actions risibles qui nous ont fait rire autrefois, que nostre Ame en est quasi émeuë de mesme sorte que la premiere fois, d'où vient que quelquesfois nous rions tous seuls : Car quoy que cela passe d'ordinaire pour vn signe de folie, la regle doit neantmoins receuoir quelque exception, puis-que la pensée ou la memoire des choses peut souuent auoir assez de force par sa naïfveté pour émouuoir les esprits les mieux faits. Au lieu que ce qui fait que les fols sont fort sujets à rire, prouient du déreglement des images qui se presentent à l'Ame en autre ordre qu'elles ne deuroient, & du mouuement déreglé des esprits qui sont portez par le cerueau, dont nous auons fait naître la folie. Car ce deſordre des images interrompant l'harmonie de l'Ame, & la façon ordinaire de raiſonner luy cauſent ſouuent le meſme mouuement dont nous auons dit que dépend le ris. Dans les paroles, comme eſtans les interpretes de nos penſées, & ſeruans à repreſenter à autruy les meſmes images, & le meſme ordre qu'elles tiennent en noſtre cerueau.

Et pour les actions, elles nous cauſent auſſi le ris, ſelon qu'elles ſ'accordent auec la nature de ce qui les produict, & auec les circonſtances des lieux & des temps, où pour y auoir quelque choſe de riſible, il faut qu'il y ait pareillement de l'accord & du diſcord, dont je raporteray quelque exemple. Chacun ſçait qu'il n'y a rien de ſi naturel que de laiſſer ſortir les vents qui trauaillent les inteſtins; cependant l'vſage & la ciuilité nous ayant imprimé en l'eſprit vne habitude contraire, de là vient que quand il échape à quelqu'vn de laiſſer aller vn vent en preſence de perſonne deuant qui le reſpect devroit eſtre gardé, cette rencontre comparée en noſtre eſprit, auec les loix de la ciuilité, cauſe vn certain des-accord dont noſtre Ame eſtant touchée, elle eſt auſſi-tôt émeuë du mouuemẽt qui fait naître le ris. Il n'y a rien à quoy la ciuilité nous engage dauantage, qu'à cacher tres-étroitement les parties & les actions veneriennes, d'où vient que cette habitude passe mesme pour vne loy naturelle, & pour cette cause, lors que quelqu'vn est surpris sur le fait en vne occasion qui ne nous importe ; cette rencontre de l'action naturelle comparée auec l'habitude que la ciuilité a fait naître en nostre Ame, fait ensemble comme vn faux ton, s'il faut ainsi dire, dont nostre Ame est émeuë à rire. Et mesme les actions publiques des bestes en ce point nous causent la mesme émotion, sur tout en la presence des filles qui ont vne plus étroite obligation à cette loy de la ciuilité. Nous tirons aussi sujet de rire de mille autres occasions, où l'accord & le discord se remarquent ; comme de voir vn Singe, ou autre beste brute imiter les actions des hommes, ou en porter les habits ; de voir vn homme habillé en femme, vn Paysan vétu en Capitaine ; ou en homme de Palais, & ainsi de mille autres choses, où il faut remarquer que certaines circonstances rendent les choses bien plus ou moins risibles : car nous rions de voir tomber vn homme dans la bouë, mais bien plus encore, si c'est quelqu'vn qui soit en reputation d'estre trop curieux de la gentillesse & de l'ornement des habits, & bien plus encore si c'est quelqu'vn de naturel gausseur, & qui prenne plaisir à railler les autres pour semblables rencontres. Nous rions aussi des disgraces arriuées à nos ennemis, à raison de l'accord qui est entre cette disgrace & l'inclination que nous auons à nous venger, le discord où est le point pour rire se trouuant d'ailleurs entre la nature de cette disgrace, & les conditions de la personne à qui elle arriue : car toutes les circonstances n'augmentent le ris que comme de nouuelles comparaisons des choses les vnes aux autres, par où nôtre Ame est touchée de nouueau, & son harmonie augmentée ou interrompuë.

Quant aux operations de l'entendement, d'où sont tirez les sujets de rire: il est certain qu'il n'y en a pas vne qui ne fournisse les siens. Car pour commencer par la premiere, qui ne consiste qu'en la connoissance que nous auons de la correspondance des noms auec leurs sujets, qui ne sçait que lors que nous appliquons aux choses des noms qui ne leur conuiennent point, ou que nous donnons aux mots d'autres significations que celles qui leur appartiennent, ce sont autant de sujets de rire? ce qui consiste ou en la simple prononciation des mots; comme cela se voit en entendant parler des Estrangers qui prononcent les mots d'vne façon si differente de celle que l'vsage nous a appris, que nous en sommes émeus à rire; ou au changement des mots, comme quand les mesmes estrangers se meslant de discourir nomment vne partie du corps pour l'autre, ou bien forment des mots par ressemblance à ceux qu'ils ont ouy dire, qui ne signifient rien du tout, ou qui changent entierement la signification: tesmoin cét Etranger, qui estant arriué dans vne hostellerie auec vn Gouuerneur, & son Gouuerneur s'estant allé pourmener demandoit à tout le monde du logis où estoit son Coffre neuf, ce qui obligeoit vn chacun à luy monstrer tous les Coffres du logis; & voiāt qu'on ne l'entendoit pas, demandoit son Coffre neuf qui auoit de la barbe, ce qui ayant obligé à luy faire voir diuerses malles à poil, & reconnoissant qu'on ne l'entendoit point, demanda enfin son Coffre neuf qui auoit de la barbe, qui marchoit, & qui parloit: Et cét autre qui prioit son hostesse de luy faire manger vne sallade de chiens courans, voulant dire de chicorée. Car toutes ces équiuoques ont quelque chose d'assez approchant du veritable terme, pour croire qu'vn étranger s'y trompe, & cependant la signification est si éloignée de l'intention de celuy qui s'en sert, que cét accord discordant est capable par le seul recit de nous exciter à rire, sur tout quand on nous asseure que c'est vne chose qui est arriuée. Il y a aussi mille équiuoques en chaque langue, comme quand des hommes portent des noms qui conuiennent à des bestes, des bois, des forests, des maisons, car attribuant adroittement sous pretexte du nom les qualitez de la beste à l'homme, ou celles de l'homme à la beste, cela peut quelquefois si bien conuenir, quoy que le discord paroisse en ce qu'on prend le mot en autre signification qu'il ne faut, que c'est vn agreable sujet de rire; tesmoin ce porte-faix qui passoit pour bon compagnon, qu'on nommoit par sobriquet la Potence, qui faisoit que plusieurs femmes qui le connoissoient n'auoient point d'autre serment quand on les obligeoit à iurer de quelque chose, sinon qu'elles vouloient estre tout à l'heure menées à la potence, si ce qu'elles disoient n'estoit vray.

La seconde operation de l'entendement est celle proprement qui fournit tous les lieux communs, d'où sont pris les principaux sujets de rire: car consistant en la comparaison & en l'arrangement diuers des images les vnes auec les autres, il en peut naistre autant de diuers sujets de rire, qu'il se peut faire d'arrangemens par l'operation de l'esprit, dont l'impossibilité paroisse par la connoissance que nous auons des forces & de l'estenduë de chaque chose; car c'est par cette operation que nous faisons parler les bestes, cheminer les arbres, nager les pierres sur l'eau, & que nous attribuons toutes sortes de qualitez à toutes sortes de sujets, estant celle proprement qui bastit les Chasteaux en Espagne, comme on parle d'ordinaire, c'est elle qui fait les corbeaux blancs, & les signes noirs, & qui sert de mere à toutes les chimeres. Car comme d'vn costé elle nous represente de si beaux arrangemens qu'elle nous oblige quasi à la croire, & que d'autre part nous sçauons combien ce qu'elle nous propose est éloigné de la connoissance que l'experiēce nous a acquise, cette harmonie discordante

discordante, connuë aussi-tost les ressorts de nostre ame, & l'oblige à nous faire rire.

La troisiéme & derniere qui gist en la façon de raisonner & d'inferer vne chose d'vne autre dont nous auons les principes imprimez dedans l'ame, nous fournit autant de sujets de rire que l'on peut pecher en diuerses façons contre ces loix de la faculté raisonnable; d'où vient que les Galimathias comme on parle, qui sont des discours sans suitte raisonnable, fournissent quelquefois vn agreable sujet de rire, s'ils sont disposez comme il faut: car ce qui doit estre obserué en cette rencontre de mesme qu'aux autres, c'est que les discours de cette sorte pour auoir quelque chose de plaisant, doiuent estre meslez d'harmonie & de discord, c'est à dire qu'il y doit auoir quelque sorte de raisonnement, car vn discours où il n'y a ny rime ny raison, & qui n'a du tout aucune suitte, ne peut pas estre fort plaisant, mais le raisonnement y doit estre peruerty en sorte que ce qui deuroit estre mis pour cause, passe pour l'effet, & l'effet pour la cause, les principes pour les suittes, & les suittes pour les principes; & pour le dire en vn mot, comme la Logique à des reigles par lesquelles elle reconnoist les discours qui ont vne suitte valable & ceux qui n'en ont qu'vne vicieuse, tout ce qui peche contre ces reigles peut fournir matiere de ris. Enquoy il se faut souuenir de la distinction dont on se sert aux Escholes de Logique naturelle & artificielle, car il est certain que chacun a tellement graué dans l'esprit les reigles qui se doiuent obseruer au raisonnement, sans besoin d'aucun artifice que nous connoissons aussi-tôt les discours qui se raportent auec les reigles, ou qui en sont esloignez, & ce sont ces derniers qui nous obligent à rire, causans, comme nous auons dit en l'harmonie du raisonnement, vne espece de faux ton qui émeut aussi-tost nostre ame.

Par toutes lesquelles choses il paroist combien grande est l'estenduë de la matiere du ris, qui meriteroit vn volume d'excessiue grandeur pour en faire voir le détail, & en apporter toutes reigles.

Par où se voit encore, que le ris qui naist premierement de l'esprit, n'est qu'vne suite de l'harmonie spirituelle & occulte de nos ames dans la connoissance des choses, & dans le raisonnement, de mesme que celuy qui prouient du chatoüillement est vne suitte de l'harmonie, & de l'arrangement des parties ſenſitiues du corps: car comme l'harmonie en la muſique vient de la comparaiſon d'vn ſon à l'autre, ainſi l'harmonie du chatoüillement vient de la conformité d'vne partie ſenſitiue à l'autre & pour ainſi dire de la comparaiſon d'vn nerf à l'autre en la façon de receuoir les objets qui les touchent. Ce qui ſe remarque pareillement en l'eſprit, où le raiſonnement n'eſt qu'vne comparaiſon continuelle des choſes les vnes auec les autres par où nous en connoiſſons l'accord ou le diſcord.

Peut-eſtre me demandera-t-on, pourquoy les ſuittes parfaites dans le raiſonnement (en quoy ſans doute giſt le ſouuerain point de l'harmonie) ne nous obligent point à rire, mais ſeulement les mauuaiſes ſuittes: car puiſque le ris eſt compagnon de la Ioye, il ſemble que l'harmonie deuroit apporter d'autant plus de ſatisfaction à noſtre ame, qu'elle ſe trouue plus complette, & ainſi deuroit eſtre inſeparable du ris; & au contraire cette harmonie eſtant interrompuë, comme dans les diuers ſujets de rire, dont nous auons parlé, il ſemble que noſtre ame deuroit en receuoir de la triſteſſe pluſtoſt que d'en rire, & d'en eſtre ioyeuſe; ſurquoy il y auroit pluſieurs belles choses à dire, & sur tout en auoüant son ignorance, qui est vn excellent secret en diuerses rencontres, mais ie proposeray seulement icy ce qui m'en semble, laissant à chacun la liberté d'en dire son auis.

I'estime donc que le raisonnement parfait prouient d'vn mouuement si harmonique & si diuin tant de l'ame que des esprits qui repassent auec vn ordre du tout admirable sur les images des choses, que si nous venions à le conceuoir tout d'vn coup, aussi bien que nous n'en acquerons l'habitude que peu à peu, nous en serions touchez d'vn rauissement ecstatique: car mesme quand nous voyons quelque nouueau raisonnement sur quelque matiere dont la suitte nous semble belle, cela nous donne au dedans vne satisfaction indicible. Et i'ay remarqué en toutes mes estudes, que la premiere fois que ie venois à conceuoir la suitte de quelque science, & comment les principes en estoient dirigez à vn certain but, & que ie remarquois la connexion de toutes les parties, cela me touchoit d'vn rauissement si extraordinaire, que ie perdois volontiers le boire & le manger pour satisfaire mon esprit en cette contemplation; & l'ardeur que nous auons pour acheuer vn Liure dont le commencement nous semble beau, n'est qu'vn amour de cette harmonie, & cependant en toutes ces choses nous considerons plustost l'harmonie & la suitte qui est en la chose mesme disposée selon les principes de la raison, que nous ne faisons reflexion sur l'harmonie primitiue de nos ames, qui doit estre incōparablement releuée au dessus de tous ces accords particuliers qui n'en sont que des dépendances: & cependant comme cette harmonie ne se forme que lentement & peu à peu en nous, nous y acquerons vne telle habitude, que nous sommes capables à la verité de nous en seruir en toutes rencontres, mais neantmoins incapables d'en admirer comme il faut la suitte & la douceur; ny plus ny moins que ceux qui sont accoustumez dés leur naissance au bruit de Cataractes du Nil n'en sont aucunement touchez, quoy qu'il surpasse tous les bruits voisins, de mesme aussi que ce qu'vn Philosophe a dit que les Spheres celestes estoient muës auec vn son le plus harmonique du monde, mais qui estans habituez dés le moment de nostre naissance nous sommes incapables de l'entendre, & de pareille sorte que nous disions tantost du mouuement du cœur & des arteres qui est sensible à tout autre qu'à nous, quoi que nous le portions en nous-mesme, d'autant que l'habitude que nous y auons acquise dés le moment de la naissance nous empesche de le discerner.

Mais il n'en est pas de mesme du ris, dont les sujets touchent à la verité nostre ame auec vne harmonie qui a aussi quelque chose de diuin, mais qui neantmoins ne luy estant pas ordinaire, & ne s'accordant pas entierement auec celle à laquelle elle a esté habituée dés la naissance, & dont elle a les semences profondément engrauées au dedans, viennent aussi-tost à l'émouuoir d'vne façon particuliere laquelle nous cause le ris, qui ne peut qu'elle ne nous soit agreable, premierement pource qu'elle est harmonique, & que toute sorte d'harmonie est capable de delecter l'ame, comme approchant de sa nature, & secondement pource que l'harmonie de ce qui nous fait rire estant incomplette, nostre ame reconnoist par là en quelque sorte sa nature propre, & la sublimité de son excellence au dessus de cette harmonie imparfaite qui se trouue dans les sujets de rire, car comme nous auons dit, la matiere du ris ne gist qu'en la comparaiſon de ce qui ſe preſente auec les connoiſſances que nous auons grauées dans l'ame, & qui nous ſont habituelles : ce qui fait que noſtre ame reconnoiſſant cette difference, & voyant combien ſon harmonie ordinaire eſt releuée au deſſus de celle qui la touche en la matiere du ris, elle ne peut qu'elle ne reſſente vne merueilleuſe ſatisfaction de ſoy-meſme en ſoy-meſme, d'où procede principalement la ioye qui eſt dans le ris.

Par où il eſt aiſé à voir que le ris, de meſme que nous auons dit des paſſions, procede premierement d'vne émotion de l'ame par la nature des objets, mais qu'elle ne conſidere icy ny comme vtiles, ny comme nuiſibles ainſi que dans les paſſions, mais ſeulement comme plus ou moins harmoniques, c'eſt à dire comme plus ou moins accordant auec ſon harmonie naturelle : lequel mouuement ſe communique incontinent au corps. Et pour bien comprendre pourquoy certaines parties de noſtre corps en ſont pluſtoſt émeuës que les autres, il ne ſera pas mauuais, puiſque nous auons fait voir qu'il y a en chaque operatiõ de l'ame vne harmonie & conuenance ſecrette qui a du rapport aux accords de Muſique, d'accomparer aussi l'ame toute entiere à vn instrument de Musique, dont toutes les cordes partans du cerueau, respondent en diuerses parties du corps, comme s'y inserans particulierement, & qui sont aussi-tost émeuës lors que cette partie de l'ame viēt à estre touchée : car encore que l'ame soit d'vne nature indiuisible & releuée au dessus de la nature du corps; neantmoins estāt espanduë en toutes les parties du corps, il y a beaucoup de sujet de croire que les parties de l'ame ont vne particuliere conuenance auec les parties du corps ausquelles elles sont iointes, en sorte que l'ame n'estant pas vniuersellement émeuë en toutes sortes de rencontres, il n'y a souuent que certains endroits de l'ame qui ressentent l'émotion, selon la nature de la chose qui l'émeut, à peu prés en mesme sorte qu'on peut toucher vne ou deux cordes d'vn Luth, sans qu'il soit necessaire que les autres soient de la partie, & ainsi lors que ces parties de l'ame sont émeuës, ce n'est pas de merueille si les parties du corps qui ont auec elles vne particuliere correspondāce, ressentent aussi-tost cette émotion, & font paroistre leur correspondance auec l'ame. Ainsi nous auons fait voir que dans les paſsions, la partie de nostre ame qui en est premierement émeuë, a son siege, & sa correspondance au cœur : Et ainsi pareillement en deuons-nous autant dire de la partie de nostre ame qui est émeuë dans le ris qui a son vray siege au poumon, comme la partie qui luy sert à exprimer ses mouuemens raisonnables par l'entremise de la parole, de mesme que le cœur est le siege des mouuemens purement naturels. Car comme le poulmon est la veritable partie de nostre corps qui a correspondance auec la partie raisonnable de nostre ame pour en exprimer les conceptions, & les faire paroistre au dehors, ce n'est pas de merueille si cette sympathie se remarque aussi dans le ris, qui comme nous auons fait voir, dépend aussi de cette mesme faculté raisonnable, mais en telle sorte que l'harmonie en estant incomplette, & ne se pouuant pas bien exprimer par paroles, de mesme que le raisonnement complet, nostre poumon se meut d'vne toute autre façon que lors que nous parlons, se dilatant & se resserrant auec violence, & auec vne suitte entrecoupée: d'où sans doute il faut dire de mesme que des mouuemens du cœur, qu'encore que cette operation du poulmon soit purement corporelle, elle respond neantmoins autant que faire se peut à l'émotion qui est imprimée en l'ame par la matiere du ris, de mesme que dans le raisonnement parfait il s'accorde pareillement auec nostre ame en formant les paroles capables d'exprimer nos pensées. Car quoy que les paroles en chaque langue ayent rarement d'autre raport auec les choses, que celuy que l'institution des hommes leur a donné, & n'estant nullement naturelles : neantmoins la disposition du poulmon à se fléchir diuersement pour exprimer les sons que l'vsage a rendus propres à faire voir ce qui est dans l'ame, est entierement naturelle en l'homme, & ne dépend sans doute que de la grande sympathie qui est entre le poumon de la faculté raisonnable de nostre ame. Car pour le dire en peu de mots, ie suis fort éloigné du sentiment des Medecins, qui croyent que le mouuement du poulmon n'est qu'accidentel, & suit seulement celuy de la poitrine, car quiconque a pris plaisir à ouurir la poitrine des animaux viuans, comme i'ay fait plusieurs fois, a bien pû remarquer que le poulmon ne demeure pas immobile, quoy que les muscles du thorax ne fassent plus leur office, qui monstre que le mouuement de dilatation & contraction est aussi naturel au poumon qu'au cœur : & de fait il seroit difficile sans cela de comprendre de quelle sorte la respiration se fait lors que nous dormons, puisque tout mouuement volontaire vient à cesser par le sommeil.

Il est donc manifeste par le changement de la respiration quand on rit, que le poulmon a vne particuliere correspondance auec la partie de nostre ame, d'où dépend le ris, & dont il imite l'émotion de tout son pouuoir : d'où vient que le diaphragme & les autres muscles de la poitrine sont obligez, de mesme qu'en la respiration ordinaire, d'imiter son mouuement, lequel neantmoins ne leur estant pas naturel, comme à luy, & y estans forcez par le lieu de la correspondance d'office, de là vient qu'ils s'en lassent facilement, & en sont incommodez, comme cela se void par la douleur qu'on ressent en toute la poitrine, mais sur tout vers les flancs où est attaché le diaphragme, lors que l'on rit excessiuement, au lieu que le poumon n'en reçoit aucune incommodité.

Quant au mouuement des muscles de la bouche qui l'obligent à s'ouurir, il n'est qu'accidentel dans le ris non plus que celuy de la poitrine, eſtant obligé par la correſpondance de ſa charge auec le poumon à imiter ſes mouuemens; car le poumon eſtant deſtiné à tirer l'air de dehors en dedans, & le repouſſer au contraire ce qui ne ſe peut faire que par la bouche, ce n'eſt pas de merueille ſi dans le ris où l'inſpiration & l'expiration eſt ordinairement violente, les muſcles de la bouche ont vn commandemẽt exprés de la tenir ouuerte à la moindre diſpoſition de rire, d'où vient meſme que le mouuement du viſage ſe fait aſſez ſouuent ſans qu'il y ait grande émotion au poumon, les muſcles monſtrans par ce moyen leur déference aux inclinations de l'ame.

Voila les remarques que nous auions à faire touchant les Paſſions de l'Ame, dont nous auons non ſeulement examiné les principales en particulier, mais auſſi couché par écrit vne doctrine generale, dont il eſt facile de faire application à celles qui nous peuuẽt eſtre échapées comme moins conſiderables, dont la nature & les cauſes ſe peuuent facilement rapporter à celles dont il a eſté traité.

FIN.

CATALOGVE DES LIVRES composez par MR PAPIN *Docteur en Medecine.*

Papinius de Puluere ſympathico.

La Poudre de Sympathie deffenduë contre les Objections de MR Cattier.

Papinius de Aurium Ceruminum vſu. nouis experimentis inuento. Reſolutio Medica.

Raiſonnemens Philoſophiques touchant la Salure, flux & reflux de la Mer, & l'Origine des Sources, tant des Fleuues que des Fontaines, auquel eſt adjouſté vn Traité de la lumiere de la Mer.

Conſiderations ſur le Traité de MR Des-Cartes, des Paſſions de l'Ame.

Paraphraſe ſur le Liure d'Hippocrate de l'Ancienne Medecine.

Papinij Apparatus Phyſicus & Hippocraticus in magni Hippocratis librum de Priſca Medicina.

Leſdits Liures ſe vendent chez SIMEON PIGET *Libraire, ruë Saint Iacques, à la Syrene.*

www.ingramcontent.com/pod-product-compliance
Ingram Content Group UK Ltd.
Pitfield, Milton Keynes, MK11 3LW, UK
UKHW021144260726
13994UKWH00001B/294